TEOLOGIA
LATINO-AMERICANA

Dados Internacionais de Catalogação na Publicação (CIP)
(Câmara Brasileira do Livro, SP, Brasil)

Bingemer, Maria Clara
    Teologia latino-americana : raízes e ramos / Maria Clara Bingemer ; [tradução de Suzana Regina Moreira]. – Petrópolis, RJ : Editora Vozes ; Rio de Janeiro, RJ : Editora PUC, 2017.

    Título original : Latin American Theology: roots and branches
    Bibliografia
    ISBN 978-85-326-5489-2 (Editora Vozes)

    1. Teologia – América Latina 2. Teologia – Aspectos sociais 3. Teologia – História I. Título.

17-03970   CDD-230.098

Índices para catálogo sistemático:
1. América Latina : Teologia   230.098
2. Teologia latino-americana   230.098

MARIA CLARA BINGEMER

TEOLOGIA LATINO-AMERICANA

RAÍZES E RAMOS

Tradução de Suzana Regina Moreira

© 2016, Orbis Books, Maryknoll, New York
10545, USA

Título original em inglês: *Latin American Theology: Roots and Branches*

Direitos de publicação em língua portuguesa:
2017, Editora Vozes Ltda.
Rua Frei Luís, 100
25689-900 Petrópolis, RJ
www.vozes.com.br
Brasil

Todos os direitos reservados. Nenhuma parte desta obra poderá ser reproduzida ou transmitida por qualquer forma e/ou quaisquer meios (eletrônico ou mecânico, incluindo fotocópia e gravação) ou arquivada em qualquer sistema ou banco de dados sem permissão escrita da editora.

CONSELHO EDITORIAL

Diretor
Gilberto Gonçalves Garcia

Editores
Aline dos Santos Carneiro
Edrian Josué Pasini
Marilac Loraine Oleniki
Welder Lancieri Marchini

Conselheiros
Francisco Morás
Ludovico Garmus
Teobaldo Heidemann
Volney J. Berkenbrock

Secretário executivo
João Batista Kreuch

© Editora PUC-Rio
Rua Marquês de S. Vicente, 225
Projeto Comunicar – Casa Editora / Agência Gávea
22451-900 Rio de Janeiro, RJ
Tel.: (21) 3527-1838/1760
edpucrio@puc-rio.br
www.puc-rio.br/editorapucrio

Reitor
Pe. Josafá Carlos de Siqueira, S.J.

Vice-reitor
Pe. Francisco Ivern Simó, S.J.

Vice-reitor para Assuntos Acadêmicos
Prof. José Ricardo Bergmann

Vice-reitor para Assuntos Administrativos
Prof. Luiz Carlos Scavarda do Carmo

Vice-reitor para Assuntos Comunitários
Prof. Augusto Luiz Duarte Lopes Sampaio

Vice-reitor para Assuntos de Desenvolvimento
Prof. Sergio Bruni

Decanos
Prof. Júlio Cesar Valladão Diniz (CTCH)
Prof. Luiz Roberto A. Cunha (CCS)
Prof. Luiz Alencar Reis da Silva Mello (CTC)
Prof. Hilton Augusto Koch (CCBM)

Conselho gestor da Editora PUC-Rio
Augusto Sampaio, Fernando Sá, José Ricardo Bergmann, Júlio Diniz, Luiz Alencar Reis da Silva Mello, Luiz Roberto Cunha, Miguel Pereira e Sergio Bruni.

Revisão de originais:
Editoração: Eliana Moura de Carvalho Mattos
Diagramação: Sheilandre Desenv. Gráfico
Revisão gráfica: Nilton Braz da Rocha / Nivaldo S. Menezes
Capa: Érico Lebedenco
Ilustração de capa: ©diegorayaces | iStockphoto

ISBN 978-85-326-5489-2 (Vozes)
ISBN 978-85-8006-211-3 (PUC-Rio)

Editado conforme o novo acordo ortográfico.

Este livro foi composto e impresso pela Editora Vozes Ltda.

Sumário

Prefácio – Conferências Duffy sobre cristianismo global, 7
   Catherine Cornille

Introdução – De *intellectus fidei* a *intellectus amoris*, 11

1 Do reflexo à fonte, 21

2 Os pobres como sujeito e método, 43

3 Gênero e direitos humanos na América Latina, 73

4 Os pobres e a Terra, 88

5 Uma teologia em diálogo com outras tradições, 101

Conclusão – O futuro da teologia latino-americana, 117

Referências, 123

Prefácio
Conferências Duffy sobre cristianismo global

Catherine Cornille

Nunca, na história do cristianismo, a fé cristã foi expressa em tantas formas. Apesar de por longo tempo ser uma religião global, foi somente no decorrer do século XX que a Igreja passou a valorizar e a celebrar a particularidade de culturas diferentes e as igrejas locais foram criativamente encorajadas a se engajar e a se apropriar de símbolos, categorias e modos de celebração indígenas e autóctones. Um marco histórico na Igreja Católica foi a exortação apostólica de 1975, *Evangelii Nuntiandi*, que afirma:

> As igrejas particulares profundamente amalgamadas não apenas com as pessoas, como também com as aspirações, as riquezas e as limitações, as maneiras de orar, de amar, de encarar a vida e o mundo, que caracterizam este ou aquele aglomerado humano, têm o papel de assimilar o essencial da mensagem evangélica, de a transpor, sem a mínima traição à sua verdade essencial, para a linguagem que esses homens compreendam e, em seguida, de a anunciar nessa mesma linguagem (n. 63).

O termo *linguagem* é entendido aqui em sentido antropológico e cultural abrangente, para influenciar não só a tradução da mensagem do Evangelho, mas também a "expressão litúrgica [...] catequese, formação teológica, estruturas eclesiais secundárias e ministérios" (n. 63). Isso envolve um repensar minucioso do

Evangelho em termos e estruturas que ressoem em sintonia com as particularidades culturais, e um enfoque nas questões e desafios sociais, políticos e espirituais presentes nessas culturas.

Desde então, as noções de inculturação e contextualização se tornaram enraizadas no pensamento teológico cristão. É possível falar de teologia latina, de teologia africana, de teologia indiana, e assim por diante, cada uma abrindo o caminho para teologias ainda mais locais e focadas, como a teologia igbo, a teologia mestiça ou a teologia dalit. Isso levanta questões sobre a relação entre todas essas formas de teologizar e também sobre a relação entre a Igreja individual e a Igreja universal.

O objetivo da inculturação e das teologias indígenas é, em primeiro lugar, evidentemente, servir melhor às igrejas locais e atender às necessidades e questões particulares. Mas muitas das riquezas culturais encontradas nos processos de inculturação podem também ser uma fonte de inspiração para outras igrejas ou para o que é chamado de Igreja universal. A exortação apostólica *Evangelii Nuntiandi* claramente adverte: "Guardemo-nos bem, no entanto, de conceber a Igreja universal como sendo o somatório, ou, se se preferir dizê-lo, a federação mais ou menos anômala de igrejas particulares essencialmente diversas" (n. 62). É um pedido para que as igrejas particulares permaneçam em comunhão com a Igreja universal. Mas ainda não se valoriza plenamente a oportunidade de a Igreja universal aprender com as igrejas locais. Ainda há um pressuposto, muitas vezes silencioso, de que os modelos e correntes teológicas desenvolvidos na Europa são normativos e que as teologias locais são apenas várias formas de expressão dos mesmos *insights* teológicos. No entanto, toda a teologia (inclusive a teologia ocidental) implica ambas as dimensões universais culturalmente particulares, e cada tentativa de expressar o Evangelho dentro de uma cultura particular pode trazer novas dimensões de sua mensagem, relevantes para todos os crentes. Conforme o centro de gravidade da Igreja se move, e conforme a distinção entre local e universal ou global se torna ofuscada, torna-se cada vez mais importante e possível que tradições teológicas diferentes se engajem reciprocamente e se enriqueçam umas às outras.

Por essa razão o Departamento de Teologia do Boston College estabeleceu a Cátedra Duffy sobre cristianismo global. A cada ano um teólogo de um continente diferente é convidado a apresentar uma série de palestras sobre os desafios e *insights* teológicos que surgem de seu contexto particular. Esses desafios e *insights* podem ter um enfoque em questões éticas, desenvolvimentos teológicos, hermenêuticas bíblicas, práticas espirituais e rituais, e assim por diante. O objetivo não é apenas informar professores e alunos dos modos como a teologia é realizada em partes específicas do mundo, mas também levantar novas perguntas e oferecer novos *insights* que possam enriquecer a reflexão lógico-teológica na América do Norte e além. O departamento está muito satisfeito com a parceria com a Orbis Books para tornar os frutos desta reflexão teológica mais disponíveis.

A Cátedra Duffy sobre cristianismo global foi uma homenagem ao Pe. Stephen J. Duffy (1931-2007), que lecionou Teologia Sistemática na Loyola University, em Nova Orleans, de 1971 a 2007, e que era profundamente engajado nas questões de diversidades religiosa e cultural, e disposto a abordar essas questões de maneira criativa e construtiva. O que ele escreveu sobre a relação do cristianismo com outras religiões se aplica ainda mais na relação com as diversas culturas:

> Na medida em que o cristianismo se abrir a outras tradições, se tornará diferente. Não que isso venha a ser menos cristão ou que possa deixar de ser cristão de uma vez por todas. Apenas estará dando mais um passo em direção à catolicidade, à plenitude que afirma antecipar a vinda do Reino de Deus.

Introdução
De *intellectus fidei* a *intellectus amoris*

Por que mais um livro sobre teologia latino-americana? A resposta é simples. As coisas mudaram radicalmente no Vaticano desde que Francisco se tornou papa. O papa latino-americano voltou novamente os olhos do mundo para a Igreja e para a teologia deste continente. "Algo semelhante a uma ressurreição está ocorrendo na Igreja Católica da América Latina, graças ao Papa Francisco" (O'CONNELL, 2015).

Nesse renascimento, uma das coisas mais importantes é a nova credibilidade dada à teologia nascida na América Latina. Teólogos que haviam sido punidos e proibidos de ensinar estão voltando para as universidades, em cujas livrarias suas publicações voltam a ser expostas e vendidas, estudadas e discutidas. Pessoas ingênuas que perguntavam "A Teologia da Libertação está morta?" agora veem claramente que não.

Tudo isso aponta para a oportunidade de uma nova reflexão sobre todo o processo que essa teologia viveu e suportou. É hora de tentar compreender os profundos obstáculos que teólogos da libertação enfrentaram e superaram, apreciando melhor a nova face que eles apresentam ao mundo.

Esse é o propósito deste livro, que tem sua origem nas Conferências Duffy, proferidas no Boston College, a convite de Catherine Cornille, diretora do Departamento de Teologia. Tendo vivido e estudado Teologia logo após o Vaticano II, pude testemunhar em primeira mão o desenvolvimento desta teologia em meu país e continente, assim como pude refletir profundamente sobre seu processo. Revisitar toda essa história foi uma boa experiência. Ainda melhor foi a oportunidade de compartilhá-la com colegas e alunos de pós-graduação em um fórum privilegiado: o Boston College e seu Departamento de Teologia.

Seguindo o conselho de alguns colegas, estou feliz em apresentar essas reflexões no formato de um livro, com o desejo de ajudar a estabelecer uma cidadania sólida para a teologia latino-americana entre os acadêmicos da América do Norte. É uma alegria a mais o fato de que o livro seja agora traduzido e publicado no Brasil. Primeiramente o texto busca resgatar a história e, depois, trabalhar com o conteúdo que surgiu das bases, resultando eventualmente em diversos seminários, artigos e livros.

As raízes históricas da Teologia da Libertação se estendem para além da era Vaticano II e de suas consequências imediatas. Essas raízes estão na tradição profética dos evangelizadores e missionários dos primeiros tempos coloniais na América Latina, que questionavam o tipo de presença adotado pela Igreja e o modo como eram tratados os povos indígenas, negros, mestiços e as massas pobres rurais e urbanas. Os nomes de Bartolomè de Las Casas, Antonio de Montesinos, Francisco de Vitoria, Antonios Vieira, Frei Caneca e de outros representam personalidades religiosas que agraciaram cada século da curta história de nosso continente. Eles são a fonte do tipo de compreensão social e eclesial que surgiu nos anos após o concílio – décadas de 1970 e 1980 – e que estão ressurgindo hoje com nova força e vigor (cf. BOFF & BOFF, 1986).

As primeiras reflexões teológicas que encaminharam à Teologia da Libertação tiveram suas origens em um contexto de diálogo entre uma Igreja e uma sociedade em efervescência, entre a fé cristã e o anseio por transformação e libertação crescente do povo. O Concílio Vaticano II produziu uma atmosfera teológica caracterizada por grande liberdade e criatividade. Isso possibilitou a coragem dos teólogos latino-americanos de pensarem por si mesmos sobre os problemas pastorais que afetavam seus países. Esse processo era visível entre pensadores católicos e protestantes, com o grupo Igreja e Sociedade na América Latina (ISAL) tendo uma participação proeminente. Houve encontros frequentes entre teólogos católicos (Gustavo Gutiérrez, Segundo Galilea, Juan Luis Segundo, Lucio Gera e outros) e teólogos protestantes (incluindo Emilio Castro, Julio de Santa Ana, Rubem Alves e José Míguez Bonino), levando a uma reflexão intensificada sobre a relação entre fé e pobreza, Evangelho e justiça social, e temas similares. No Brasil, entre 1959 e 1964, a esquerda católica produziu uma série de textos básicos sobre a necessidade de uma ideia cristã sobre a história ligada à ação popular, com uma metodologia que prenunciava a Teologia da Libertação; incitava-se um engajamento pessoal no mundo, sustentado por pesquisas das ciências sociais e ilustrado por princípios universais do cristianismo.

Em um encontro de teólogos latino-americanos realizado em Petrópolis, em março de 1964, Gustavo Gutiérrez descreveu a teologia como "reflexão crítica sobre a práxis". Essa linha de pensamento foi aprofundada nos encontros em Havana, Bogotá e Cuernavaca, em junho e julho de 1965. Muitos outros encontros foram realizados como parte do trabalho preparatório para a Conferência Episcopal Latino-Americana (Celam) em Medellín, Colômbia, em 1968; estes funcionaram como laboratórios para uma teologia baseada em preocupações pastorais e na ação cristã comprometida. Palestras dadas por Gustavo Gutiérrez em Montreal, em 1967, e em Chimbote, no Peru, sobre a pobreza no Terceiro Mundo e sobre o desafio que isso apresentava ao desenvolvimento de uma estratégia pastoral libertadora forneceram poderoso impulso em direção a uma Teologia da Libertação. Seus esboços foram apresentados pela primeira vez no congresso teológico denominado *Rumo a uma Teologia da Libertação*, em Cartigny, Suíça, em 1969.

Finalmente, em dezembro de 1971, Gustavo Gutiérrez publicou sua obra seminal, *Teología de la Liberación*. Em maio, Hugo Assmann coordenou o simpósio *Opressão-libertação: o desafio aos cristãos*, em Montevidéu, e Leonardo Boff logo publicaria uma série de artigos sob o título *Jesus Cristo Libertador*. A porta havia sido aberta para o desenvolvimento de uma teologia a partir de e lidando com as questões da periferia – questões estas que ainda apresentam um desafio imenso para a missão evangelizadora da Igreja.

Porém, de fato, o desejo e a luta para integrar a fé e a busca pela justiça estiveram presentes no coração deste continente desde que seus colonizadores aqui chegaram. No entanto, nas transformações rápidas e às vezes dramáticas do continente latino-americano no século XX – incluindo a Revolução Cubana em 1959 e as mudanças profundas na Igreja iniciadas pelo pontificado do Papa João XXIII – havia um território fértil para o surgimento da Teologia da Libertação.

Ver toda a realidade como um sinal dos tempos e um chamado de Deus na história; colocar a reflexão teológica na intersecção da fé com a economia, a política e outras ciências sociais; ler a realidade do ponto de vista dos pobres e das vítimas, dos excluídos, a quem o Deus da vida se revela de modo privilegiado; apropriar-se de suas causas e sonhos; lutar pela mudança dessa realidade injusta como um aspecto essencial do seguimento de Jesus Cristo... estes são alguns dos elementos que configuram aquilo que comumente chamamos de Teologia da Libertação.

O primeiro capítulo do livro, "Do reflexo à fonte", oferece ao leitor uma descrição do processo que o continente viveu desde o período colonial até a metade do século XX, em particular a recepção do Concílio Vaticano II nas reuniões de bispos latino-americanos em Medellín (1968) e Puebla (1979). O capítulo também descreve a crise que a teologia latino-americana enfrentou durante o pontificado do Papa João Paulo II – uma crise que continuou sob o Papa Bento XVI – e lida com a crise interna na escola da Teologia da Libertação, que fez com que vários dos mesmos teólogos modificassem suas posições ou até criticassem a teologia que eles próprios haviam criado.

No segundo capítulo, o tema são os pobres, aqueles que são o centro e o coração da teologia latino-americana. Através de uma visão precisa da realidade, teólogos latino-americanos, junto a bispos, religiosos e leigos, voltaram sua atenção aos pobres e às vítimas de opressão. Eles compreenderam que durante os quatro séculos anteriores trabalharam mais com elites, e que era urgente mudar essa aliança. A opção preferencial pelos pobres deveria ser para os pobres, para aqueles que não têm os meios necessários para viver, que não têm os recursos básicos para superar sua situação e alcançar uma vida mais decente. Os fundamentos da opção preferencial pelos pobres desafiaram toda a Igreja latino-americana e criaram novos instrumentos de evangelização: estudos bíblicos, novas formas de ministério laical, comunidades de base, entre outros. Esse capítulo inclui afirmações de alguns dos teólogos proeminentes daquela época para esclarecer ao leitor o que significa a opção preferencial pelos pobres como uma necessidade enraizada no Evangelho.

O foco na pobreza socioeconômica e política não foi bem aceito por alguns setores da Igreja. A Teologia da Libertação foi acusada de marxismo e se deparou com uma forte oposição de níveis mais altos da hierarquia assim como da Sagrada Congregação para a Doutrina da Fé do Vaticano. Contudo, essa crise, com toda a dimensão negativa que carregava, teve alguns benefícios. O principal foi que ajudou a ampliar o horizonte da Teologia da Libertação. Uma apreciação por outras dimensões da pobreza – as chamadas pobrezas antropológicas – começou a atrair a atenção dos teólogos latino-americanos. O terceiro capítulo lida com uma dessas, particularmente importante: a situação das mulheres e a questão de gênero.

Nascido da Teologia da Libertação, o processo de libertação das mulheres teve início com uma nova solidariedade entre mulheres teólogas e mulheres das bases. Aquelas se entendiam como porta-vozes destas e responsáveis por recuperar seus direitos. Os encontros entre mulheres teólogas e agentes de pastoral, em uma progressão fértil e reveladora, demonstraram uma face coletiva de compaixão e um comprometimento com a luta pela justiça, inseparável da construção do Reino de Deus.

Os encontros, colóquios e congressos entre mulheres teólogas foram repetidos em nível nacional, continental e intercontinental. Através desses encontros, a comunidade teológica-pastoral começou a chamar a atenção, a despertar curiosidade e a provocar reações – favoráveis e não favoráveis –, às vezes cheias de alegria e esperança; outras, agressivas, irônicas ou sarcásticas, rejeitando a incômoda novidade das mulheres que começavam seu processo de libertação. Ecumênicos desde o princípio, esses encontros ajudaram as mulheres latino-americanas a viver – além da aliança com as mulheres das comunidades de base – uma interação fértil entre católicos e protestantes que trouxe enriquecimento mútuo e construiu uma base sólida para o futuro.

O terceiro capítulo descreve esse processo, dando nomes e caras aos protagonistas desta bela jornada, resgatando as linhas e objetivos principais que eles trabalharam e os desafios que enfrentam no presente. As mulheres são, definitivamente, um tema importante na Igreja e teologia latino-americanas, e é difícil, senão impossível, pensar ou fazer teologia hoje sem tomar em conta sua realidade.

O quarto capítulo explora outro ponto muito importante. Tendo demonstrado como a teologia expandiu sua perspectiva para além da preocupação com a pobreza em nível socioeconômico e político para tratar das pobrezas antropológicas e culturais, incluindo gênero, raça e etnia, agora vemos como essas preocupações se estenderam para além das questões estritamente humanas, envolvendo toda a criação. Preocupações ecológicas e lutas pelo bem da Terra passaram a ser vistas como inseparáveis de outras lutas pela justiça e bem-estar. Ecologia, sustentabilidade e preocupação com a vida do planeta fazem parte da agenda da Teologia da Libertação. O desafio de construir um mundo habitável caminha de mãos dadas com a capacitação do povo para ser sujeito de sua própria história[1].

Aqui examinamos o pensamento teológico latino-americano sobre a ecologia através de duas grandes figuras que atuaram como pioneiras sobre esse tema. A primeira é Leonardo Boff, um dos mais conhecidos teólogos da libertação, que vem trabalhando o assunto há décadas. Boff apresenta uma perspectiva bem organizada e meticulosamente sistematizada sobre a crise ecológica, sempre conectando-a com os objetivos mais autênticos da Teologia da Libertação: alimentar os famintos e construir um mundo mais amigável e hospitaleiro para as gerações futuras.

Outra representante é a teóloga Ivone Gebara. Sem dúvida, ela é a protagonista fundamental do ecofeminismo, que faz uma ligação entre as mulheres e a Terra. O pensamento ecofeminista afirma que nem a solução para a crise ambiental nem a questão da opressão das mulheres podem ser tratadas como temas isolados. O ecofeminismo reflete sobre as conexões entre tudo aquilo que está vivo, uma intuição já presente entre povos indígenas, as culturas nativas que cultivam uma intimidade carinhosa com a Terra e seus ritmos. O ecofeminismo latino-americano tem firmemente denunciado o ponto de vista androcêntrico e patriarcal, que serviu para depreciar a reverência à Terra como "mãe" e doadora de vida.

---

1. Na finalização deste livro, o Papa Francisco publicou sua Encíclica *Laudato si'* sobre ecologia. O texto papal contém muitos elementos que teólogos latino-americanos, entre outros pensadores e autoridades, já haviam levantado sobre esse importante problema.

Finalmente, o quinto capítulo lida com um tema que está presente desde o início da história do continente, apesar de nunca ter recebido a atenção devida, a saber, a questão da diversidade religiosa. Devido à tríplice matriz cultural da América Latina – com suas fontes indígenas, europeias e africanas –, a questão da diversidade religiosa é essencial para nosso continente. No entanto, somente após o Concílio Vaticano II esse tema alcançou grande atenção teológica. Hoje é impensável fazer teologia na América Latina sem se envolver em um diálogo cordial e respeitoso com religiões indígenas e africanas; o mesmo é verdadeiro em relação às grandes tradições do Ocidente e do Oriente.

Neste ponto podemos ver hoje a Teologia da Libertação e a Teologia das Religiões entrando em um diálogo mais profundo e mais frutífero. Ambas são enriquecidas com esse diálogo; para ambas, seus horizontes são ampliados. Daremos exemplos disso neste capítulo.

Atualmente, a teologia latino-americana continua sua jornada, mantendo o legado dos anos 1970 e 1980 como um grande tesouro, enquanto também abre novos caminhos a serem descobertos e explorados. O ponto crucial de sua contribuição à teologia universal é a rejeição da tendência de refletir principalmente a partir de teorias ou princípios abstratos. Os conceitos são importantes e devem ser tratados com rigor. Mas a reflexão sobre a fé – e isso é a teologia e aquilo que busca ser – não é meramente uma reflexão intelectual (*intellectum fidei*), mas, antes, uma reflexão sobre o infinito e imensurável amor de Deus, que inspira e configura o amor que move o teólogo a refletir, investigar, falar e escrever a serviço do povo de Deus (*intellectum amoris*).

A Teologia da Libertação sempre tentou ser esse *intellectum amoris*, compreendendo-se como uma teologia a serviço da infinita misericórdia de Deus[2]. Constantemente desafiada pelos fatos e

---

2. Sobre a distinção entre *intellectus fidei* e *intellectus amoris*, cf. Sobrino, 1994.

eventos da realidade, a teologia latino-americana está mais do que viva. Com o surgimento das epistemologias do Sul (cf. SANTOS & MENESES, 2010), a teologia passou a ser produzida também fora da Europa. E a teologia latino-americana, principalmente a Teologia da Libertação – junto a suas irmãs do Norte, a Teologia Negra e a Teologia Feminista –, deu atenção especial aos distintos contextos, aos locais escondidos, silenciados e obscuros onde a teologia é elaborada e carrega frutos sociais e políticos.

Isso significa que ela não está interessada somente na identidade eclesial da reflexão teológica, mas também em sua relevância social, em sua capacidade de descolonizar a sabedoria em si, atenta não só à compreensão, mas também à transformação da realidade. Finalmente, ela busca contribuir para o avanço da libertação social, do reconhecimento da dignidade e direitos, desejando oferecer uma teologia pública.

Sinceramente esperamos que essa teologia ajude a ser mais conhecido, nas latitudes fora do Sul global, "o fim do mundo", como disse o Papa Francisco no dia de sua eleição. Como bispo de Roma, ele preside todas as igrejas na caridade.

1
Do reflexo à fonte

Não é mero acaso ou falta de expressão mais interessante o fato de que em 1492 Colombo tenha relatado a suas majestades cristãs, ao rei e à rainha da Espanha, que sua expedição havia descoberto um "novo mundo". Talvez teria sido adequado se o continente tivesse sido chamado de Colômbia, e não de América. Mas não foi assim. América foi o nome dado por um cartógrafo que erroneamente creditou a descoberta a Américo Vespúcio. Desde então, os olhos da antiga Europa passaram a olhar para o sul do mundo como uma terra nova, desconhecida, de aventura e esperança; um lugar onde novas coisas poderiam acontecer, onde nova vida poderia ser construída. Essa nova vida nem sempre era compatível com justiça, liberdade e felicidade, sem mencionar os valores evangélicos exportados ao continente recém-descoberto, acompanhados da espada e da força opressiva dos colonizadores.

De qualquer forma, a força do símbolo permanece. "América" – por inteiro, Norte e Sul (cf. JOÃO PAULO II. *Ecclesia in America*, n. 37, p. 59) – se tornou o nome da nova terra, esta em que, como se acreditava, qualquer um poderia ir em busca de um novo futuro e de novas oportunidades. Começamos a reflexão sobre teologia na metade sul do globo, mantendo em mente essa perspectiva da novidade eterna, constantemente esculpida pelo Espírito na história.

A chegada do Evangelho no sul da América

Desde a chegada dos europeus na América no século XVI, a pluralidade e a diversidade foram desafios a enfrentar. Rapidamente começaram a surgir perplexidades, obstáculos e resistências envolvidas nesse complexo choque entre povos, culturas e religiões. Até hoje as questões teológicas e pastorais que surgiram naquele tempo continuam pesando sobre a consciência e o desenvolvimento do cristianismo na América Latina.

Logo começaram a surgir uma série de questões:

1) *A ligação entre fé e política.* O objetivo ibérico de "expandir a fé e o império" estava presente no movimento colonizador da América Latina. Ainda está presente na teologia que questiona seus patronos coloniais e deseja repensar seu conteúdo a partir da perspectiva da luta prolongada pela justiça.

2) *A ligação entre fé e economia.* Isto se reflete na transformação dos novos impérios do século XVI em empresas comerciais-missionárias da ordem liberal-capitalista emergente. Esse processo continua. A migração contemporânea na América Latina das igrejas históricas ao pentecostalismo com frequência é acompanhada de uma "teologia da prosperidade", que é fortemente criticada pelos teólogos latino-americanos da libertação (cf. SUNG, 2000).

3) *A associação entre a violência física e simbólica,* devido à associação da cruz à espada. A conexão que uniu a conquista militar à conquista espiritual esteve presente na colonização e na evangelização latino-americanas desde o princípio, e ainda está presente hoje; o maior continente cristão do mundo é marcado pelas maiores injustiças.

4) *A aceitação de formas extremas de exploração de mão de obra.* Exemplos incluem o sistema *encomenda* ou o comércio de escravos africanos, apresentados com frequência como um

"meio de evangelização e salvação", se não de corpos, pelo menos de almas (cf. BEOZZO, 1987).

5) *O abuso de mulheres*, indígenas e africanas, como o principal processo de sustento e expansão da população, resultando na mestiçagem latino-americana e caribenha, e ao mesmo tempo consolidando um machismo profundamente enraizado nas culturas locais[3].

6) *A consolidação da concepção de evangelização como dominação*, que é um passo preliminar e necessário para garantir a assimilação eficiente dos povos indígenas e africanos (cf. DE LAS CASAS, 1537).

Por essas razões, fazer teologia na América – particularmente na América do Sul – não é somente uma questão de reflexão abstrata sobre a revelação e a fé, desconectada do contexto em que a Palavra de Deus é ouvida e respondida. Também é uma reflexão sobre a revelação e a fé avançando na história de modo inseparável das considerações do contexto social, político e prático. Utilizando uma palavra de que a teologia latino-americana gosta muito, essa teologia precisa estar enraizada na *realidade*[4]. A partir disso nossa reflexão deve começar.

Desde o princípio, a questão da justiça e da injustiça foi inseparável do anúncio do Evangelho e da prática da fé cristã na América Latina. Essa questão foi levantada corajosamente durante o período colonial por vozes eclesiais, como a do frade dominicano Antonio de Montesinos em sua pregação na Ilha da Hispaniola (República Dominicana) em um sermão do Advento em 1511. Ele se apresentou como uma voz gritando no deserto – o deserto das consciências de seus ouvintes. Foi assim que implorou aos colonizadores: "Estes

---

3. Para uma boa reflexão sobre este tema, cf. Freyre, 1998.
4. Esse conceito de *realidade* foi de grande importância para Ignacio Ellacuría; cf. Lee, 2013. Para reflexões sobre as posições de Ellacuría, cf. Sobrino, 2008.

não são humanos? Eles não têm almas racionais? Vocês não são obrigados a amá-los como a si mesmos? Vocês não entendem isso? Vocês não sentem isso?" (GOOSPASTURE, 1989: 11-12).

Não surpreende que os teólogos e historiadores da libertação, escrevendo cinco séculos depois, à luz da opressão e injustiça presentes, inspiram-se em figuras como Montesinos (República Dominicana), Bartolomè de Las Casas (Chiapas, México), Antonio Valdivieso (Nicarágua), Diego de Medellín (Chile) e tantos outros[5].

Junto a essa conexão entre evangelização e injustiça havia outra ligação perversa: a concepção da cultura europeia como a única de valor, e das culturas nativas como inferiores ou insignificantes. Isso pode ser explicado pela evolução do cristianismo não só como uma religião, mas também como uma matriz para a formação da civilização ocidental.

Aqui, a história também mostra os esforços positivos por parte da Igreja para se engajar em uma síntese diferente. Um dos exemplos mais óbvios foi a famosa República Guarani, na qual os jesuítas transmitiram o Evangelho e a cultura cristã, além de confirmarem todos os costumes nativos que lhes pareciam de acordo com a dignidade humana e o estilo de vida cristão. Assim, podemos verificar como as línguas nativas foram estudadas e usadas pelos jesuítas para a catequese, como também as artes e as estruturas comunitárias nativas (cf. CARAMAN, 1975).

Não obstante, esse projeto durou somente enquanto foi possível evitar a interferência dos colonizadores espanhóis e portugueses. É bem possível que se os jesuítas não tivessem sido forçados a deixar aquelas áreas, sua experiência levaria a um engajamento ainda mais frutífero com as línguas e a cultura. No entanto, isso

---

5. Uma avaliação de Las Casas a partir de uma perspectiva da Teologia da Libertação pode ser vista em Gutiérrez, 1995. Para mais textos de De Las Casas, cf. Sanderlin, 1992.

não ocorreu. Esse projeto, que apontava para a possibilidade de uma globalização que respeitava as particularidades culturais, foi brutalmente interrompido.

O "novo mundo" recém-descoberto sofreu com um processo de evangelização nem sempre coerente com as fontes da fé cristã. No início do cristianismo, o processo de evangelização era enraizado em culturas particulares e buscava pregar a Boa-nova nas diferentes culturas em que penetrava[6]. Contudo, a relação próxima entre fé cristã e cultura europeia, conforme esta se desenvolvia na Idade Média (considerada *a* cultura que deveria moldar o mundo), levou a Igreja a perder de vista a ligação fundamental entre o Evangelho e a diversidade cultural. Ao invés disso, a Igreja tendeu a fazer uma identificação direta entre cristianismo e Cristandade ocidental. Foi nessa forma condicionada historicamente que a fé cristã foi carregada pelas populações europeias conforme embarcavam em suas empresas coloniais do século XVI em diante. Consequentemente, a conversão ao cristianismo foi identificada com a adoção da cultura invasora e a rejeição correspondente dos valores locais nativos e endógenos.

A colonização ibero-americana deixou um forte legado a todo o povo latino-americano. Por essa razão pensamos a América Latina como uma realidade cultural, geopolítica e econômica. No entanto, outro aspecto desse legado é a mentalidade eurocêntrica que tende a cegar os latino-americanos às ligações que os conectam. Essa herança nociva do colonialismo muitas vezes enfraquece sua habilidade de estabelecer prioridades adequadas, resolver os seus problemas e entender como sua autocompreensão hoje é anacrônica, dado o papel estratégico que a América Latina tem de fato no sistema global.

---

6. Cf. em At 17 o exemplo de Paulo no Areópago ateniense.

No período pós-colonial em que vivemos, precisamos nos conscientizar de que a globalização, em sua forma atual, apoiada pelo capitalismo financeiro e pelos interesses de uma minoria de investidores, está tendo um efeito negativo sobre o continente. É ameaçadora à identidade cultural e está prejudicando a possibilidade de justiça e respeito pelos direitos humanos (cf. SCHERRER-WARREN, 2010: 26).

Recordando a história da Igreja na América Latina entre 1960 e 1990, podemos encontrar indicações que irão nos ajudar nos importantes deveres políticos, intelectuais e teológicos à frente.

A Igreja do Concílio Vaticano II e a teologia latino-americana

Os temas de direitos humanos, promoção humana e pobreza emergiram enfaticamente após a Segunda Guerra Mundial, especialmente no Hemisfério Norte e em organizações internacionais como as Nações Unidas[7]. Dentro das Nações Unidas, a Organização para a Agricultura e a Alimentação (FAO) foi fundada em 1945 com a intenção de garantir o fornecimento estável de alimentos e nutrição, especialmente em países pobres.

Antes, pobreza e fome eram dificuldades mais ou menos espalhadas em todos os lugares. Mas hoje há sérios problemas, concentrados em partes específicas do mundo, a ponto de estas regiões formarem, paralelamente aos países capitalistas ocidentais e comunistas orientais, um "terceiro mundo" subdesenvolvido, usando o termo cunhado pelo geógrafo francês Alfred Sauvy, em 1952 (cf. SAUVY, 1952; ANDRADE, 2015).

Àquele ponto, o Terceiro Mundo começou a emergir simultaneamente como um problema e como um novo agente na cena internacional.

---

7. Nesta seção acompanho Andrade, 2015.

Em 1961, o número de países participando no FAO aumentou, agora incorporando a América Latina, que começou a ser uma parte importante do Terceiro Mundo. Até então, a Revolução Cubana de 1959 já havia ocorrido, marcando o início de uma luta mundial anti-imperialista para romper os laços de dependência dos países do Primeiro Mundo que perpetuavam o legado colonialista em suas novas formas.

Diante dessa nova realidade, a questão de como a Igreja deveria estar presente em tais lugares e evangelizar o povo tornou-se controversa. Desde o fim do século XIX, a Igreja tinha consciência de haver perdido as classes trabalhadoras. A Encíclica *Rerum Novarum*, do Papa Leão XIII, publicada em 1891, foi uma tentativa de reparar a lacuna que havia sido aberta entre a Igreja e os pobres na era da Revolução Industrial. No século XX, essa mesma Igreja voltou-se ao Terceiro Mundo disposta a ouvir o grito dos pobres e a responder a seus medos e aspirações (cf. BUHLMANN, 1976, 1994)[8].

No dia 11 de setembro de 1962, no discurso de abertura do Concílio Vaticano II, o Papa João XXIII surpreendeu ambos, a Igreja e o mundo inteiro, ao afirmar: "Onde se trata dos países subdesenvolvidos, a Igreja se apresenta como ela é. Ela deseja ser a Igreja de todos, e de modo especial a Igreja dos pobres".

Graças às palavras do papa, a ideia da Igreja dos pobres irrompeu. O Concílio abriu novos caminhos, e sua recepção na América Latina levou a uma crítica estruturada da evangelização conduzida pela e para as elites.

A Teologia da Libertação – uma nova abordagem estrutural à teologia como um todo – partiu da questão: O que significa ser

---

8. Para uma história da doutrina social católica, cf. Dorr, 2012.

cristão em um continente de pessoas pobres e oprimidas? Estava em jogo uma teologia alinhada à prática pastoral de uma Igreja que queria se fazer livremente pobre, que se colocava ao lado do pobre, e que se comprometia com o processo de libertação de todas as formas de opressão e marginalização.

Além disso, essa teologia desejava falar a língua das culturas indígenas e nativas, avaliando suas tradições, seus rituais, e seus modos de culto. Essa teologia não queria abolir aquelas tradições como simplesmente não cristãs, mas respeitá-las. Ademais, onde essas tradições e culturas viviam junto à cultura cristã trazida pela evangelização colonial, o esforço devia ser feito para integrá-las como uma parte constitutiva do processo do discurso e práxis da Igreja. Essa seria, como o proeminente filósofo brasileiro Henrique de Lima Vaz, SJ disse, nossa chance, como uma Igreja latino-americana, de dar um passo fora dessa Igreja que somente reflete e projeta a Igreja e a teologia europeias e aproximarmo-nos de uma Igreja que é fonte de vivência nativa e original do Evangelho, gerando, desse modo, um novo modo de pensar e falar sobre Deus, que é o que significa fazer teologia (cf. VAZ, 1968).

A recepção do Concílio Vaticano II

Na Conferência de Medellín, em 1968, em que bispos latino-americanos se reuniram para refletir sobre a implementação do Concílio Vaticano II em seu continente, a Igreja concebeu um plano de ação em três pontos. O primeiro era uma nova série de prioridades, unindo inseparavelmente a fé e a justiça. Isso foi acompanhado, como segundo ponto, por um novo modo de se fazer teologia baseado na metodologia do ver-julgar-agir. E, quanto ao terceiro, esperava-se ver surgir um novo modelo de Igreja, começando com as comunidades locais nas bases e áreas pobres se reunindo ao redor das Escrituras e aprendendo a se expressar. Esse processo estava voltado à leitura "popular" da Bíblia[9] e marcado pelo desejo de ser a Igreja dos pobres. As comunidades que daí surgiram ficaram conhecidas como Comunidades Eclesiais de Base[10]. Esses pontos foram confirmados no encontro subsequente dos bispos latino-americanos em Puebla, México, em 1979, incluindo (1) a opção preferencial pelos pobres; (2) uma Teologia da Libertação; e (3) as Comunidades Eclesiais de Base como um novo modo de ser Igreja[11]. Essa mudança na Igreja latino-americana teve o apoio de várias figuras eclesiásticas proeminentes.

Por exemplo, após o Vaticano II, o Pe. Pedro Arrupe foi eleito o Superior geral da Companhia de Jesus, a maior ordem religiosa da Igreja Católica no mundo. Em maio de 1968, ele realizou uma reunião com os superiores maiores jesuítas da América Latina no Rio de Janeiro. O documento final foi uma declaração de política para a Companhia à luz do concílio, reconfigurando e repensando seu apostolado em cada campo. Podemos sentir nesse documento a influência das propostas de Medellín:

> Buscamos orientar todo o nosso apostolado [...] para participar, como pudermos, na busca comum de todas as pessoas (seja qual for sua ideologia) por uma sociedade mais livre, mais justa e mais pacífica. Queremos que a Companhia de Jesus esteja ativamente presente na vida temporal da humanidade hoje: tendo como único critério a mensagem do Evangelho interpretada pela Igreja, sem exercer nenhum poder na sociedade civil e sem buscar nenhum objetivo

---

9. A leitura popular da Bíblia foi concebida pelo carmelita Carlos Mesters e consiste em três passos: análise da realidade (fatos da vida), iluminação do Evangelho (análise do texto bíblico) e ação transformadora. Cf. Mesters, 1983.

10. Cf. *Conclusiones de la Segunda Conferencia General del Episcopado Latinoamericano* [Disponível em http://www.celam.org].

11. Para os documentos de Puebla, cf. *A evangelização no presente e no futuro da América Latina* – Texto oficial da CNBB. 7. ed. Petrópolis: Vozes, 1987.

> político, querendo somente modelar as consciências dos indivíduos e das comunidades [...].
>
> Somos capazes de responder às expectativas do mundo? Nossa fé e caridade correspondem ao apelo ansioso do mundo à nossa volta? Praticamos a abnegação suficientemente, para que Deus possa nos inundar com luz e energia? A oração pessoal tem seu lugar próprio em nossa vida, para que sejamos unidos a Deus nessa grande tarefa humana que não pode ter êxito sem Deus? (PROVINCIAIS DA COMPANHIA DE JESUS, 1990: 78-82).

Mesmo que essas perguntas tenham sido direcionadas a homens religiosos, como os jesuítas, cada cristão poderia tomá-las como um convite e desafio pessoal. Cristãos vivendo em uma região como a América Latina, marcada por injustiça e opressão, eram chamados a responder a isso de modo especial.

E foi o que aconteceu. Inspirados pelo concílio, não só jesuítas latino-americanos, mas também outros homens e mulheres religiosos, bispos, padres diocesanos e leigos fizeram mudanças profundas em suas vidas e em seu trabalho pastoral para dedicar toda a sua energia apostólica à libertação e ao desenvolvimento do povo pobre do continente. Era possível observar na Igreja latino-americana, nesse período pós-conciliar, um compromisso crescente em favor dos pobres e oprimidos. A vida espiritual gerada por esse compromisso era ardente e impressionante. Além disso, muitos queriam compartilhar com o pobre, pelo menos em certa medida, os efeitos da injustiça e opressão, e fazer mudanças profundas e radicais em suas próprias vidas para isso (cf. YVES-CALVEZ, 1987[12]).

---

12. O livro inclui o discurso de Pedro Arrupe aos superiores maiores.

Um ambiente local: ponto de partida para um projeto global

De acordo com a definição de Gustavo Gutiérrez, a Teologia da Libertação é "uma reflexão crítica à práxis" (cf. GUTIÉRREZ, 1975). No entanto, Gutiérrez também diz que a Teologia da Libertação não começa simplesmente com uma análise crítica da realidade. Começa com uma experiência mística, um encontro profundo com o Senhor no rosto daquele que é pobre (cf. GUTIÉRREZ, 1987). Ademais, Gutiérrez e outros teólogos que continuaram e aprofundaram esse novo modo de contemplar a revelação e a fé cristã seguiram um método particular na construção desse sistema: o método conhecido como ver-julgar-agir. Em um sistema injusto e opressivo não pode haver uma teologia sem uma análise social da realidade (*ver*), uma análise então confrontada com a revelação na Escritura (*julgar*). Desses dois processos é possível, então, surgir uma estratégia transformativa que pode guiar e inspirar compromissos e posições políticas apropriadas por cristãos (*agir*) (cf. BOFF, C.,1978; WIJSEN et al., 2005).

Esta teologia – que começou com uma análise e um programa social de ação antes de se tornar uma reflexão sistemática – não poderia ser restringida a livros e cursos acadêmicos. Ela representa o desejo de toda uma comunidade eclesial de mudar suas prioridades e caminhar até as margens e os marginalizados. Era preciso que ela fosse dada aos pobres para que pudesse ajudá-los a criar seu próprio processo de libertação. O objetivo fundamental era contribuir, humildemente, com as lutas do povo pobre, tornar possível uma nova sociedade e habilitar os pobres a se tornarem verdadeiros sujeitos e agentes transformadores de sua própria história.

Muitos cristãos se comprometeram com essas aspirações. Dentre eles, muitos religiosos começaram a criar comunidades de "inserção" entre os pobres[13]. Outros se comprometeram a fazer um

---

13. Refiro-me aqui, p. ex., às comunidades jesuítas que saíram dos ambientes institucionais ou das casas confortáveis para viver como e/ou com os pobres; cf. Buelta, 1988.

novo tipo de teologia pastoral, que colocava o pobre no centro (cf. MUÑOZ, 1979, 1989; BOFF, L., 1976, 1977). Ainda outros aplicaram essa opção e teologia nas instituições em que trabalhavam, especialmente escolas e universidades[14].

O Pe. Peter-Hans Kolvenbach, sucessor de Pe. Arrupe na liderança da Companhia de Jesus entre 1983 e 2008, não hesitou em dizer que "foi a América Latina que abriu os olhos dos jesuítas para o amor preferencial aos pobres e à verdadeira e integral libertação como a perspectiva prioritária para a missão atual da Companhia". E podemos agregar: não só os olhos dos jesuítas, mas também de muitos cristãos no mundo inteiro. O autor do livro do qual essa citação foi tirada, um jornalista francês, comenta com razão: "Isto foi o início de uma nova fase no catolicismo social" (ANTOINE, 2000: 12)[15].

Dificuldades durante os anos de 1980

Os anos de 1970 foram muito férteis e produtivos no desenvolvimento da teologia latino-americana. Muitas iniciativas começaram e avançaram firmemente. Um número importante de bispos e autoridades religiosas apoiou a opção pelos pobres e a nova teologia que lhes dava voz. Papa Paulo VI teve algumas diferenças com a Teologia da Libertação, porém nunca tomou iniciativas contra ela[16].

---

14. Cf., p. ex., o trabalho do brasileiro João Batista Libânio (1977), que lecionava na PUC-Rio e, desde 1982, na Faculdade de Teologia dos jesuítas em Belo Horizonte. Outro exemplo é o jesuíta Ignacio Ellacuría, reitor da Universidade Católica da América Central em São Salvador, assassinado com toda a sua comunidade em 1989; cf. Lee, 2013. Ellacuría foi uma figura-chave da Teologia da Libertação junto com jesuíta Jon Sobrino, professor na mesma universidade. Ambos escreveram obras importantes sobre a teologia latino-americana; cf. Ellacuría e Sobrino, 1990; Ashley et al., 2014.

15. Sobre os mártires jesuítas de El Salvador, cf. Sobrino et al., 1989; Lassalle--Klein, 2014.

16. Ele nomeou muitos bispos progressistas na América Latina durante seu pontificado, de 1963 a 1978, incluindo Oscar Romero, em El Salvador, e Dom Helder Camara, no Brasil.

Muitos institutos e faculdades de teologia tinham professores que se inspiravam com a Teologia da Libertação e ensinavam seu conteúdo. Muitos também participavam de paróquias pobres durante o fim de semana ou até mesmo viviam em regiões pobres, em favelas, compartilhando da vida dos pobres. Já Clodovis Boff, por exemplo, morava um semestre no extremo norte do Brasil, no Estado do Acre, trabalhando com os pobres, e passava outro semestre ensinando na Pontifícia Universidade Católica do Rio de Janeiro[17].

As Comunidades Eclesiais de Base (CEBs) se espalharam por todo o continente, especialmente no Brasil. Estima-se que nos anos de 1980 seu número chegou a aproximadamente oitenta mil; a razão era por serem mais simples e horizontais no modo de ser Igreja, baseado na leitura da Bíblia em confronto com a realidade social para produzir ações transformadoras em benefício dos pobres. O povo das CEBs se compreendia como o povo de Deus, modelo da Igreja proposta pela *Lumen Gentium*, a Constituição Dogmática do Concílio Vaticano II sobre a Igreja. Em grande parte dos países como o Brasil, sem clero suficiente para atender a todas as paróquias católicas, essas comunidades eram uma fonte de esperança, oferecendo um meio de cultivar a fé e conectá-la com o cotidiano do povo. Normalmente eram lideradas por irmãs ou leigos – na maioria mulheres. Reuniam-se em grandes encontros a cada dois anos, quando se juntavam a bispos, para rezar, refletir e celebrar juntos (cf. AZEVEDO, 1986; BARREIRO, 1977; SOBRINO, 1982).

Leonardo Boff refletiu sobre a eclesiologia surgindo destas comunidades em *Eclesiogênese: a reinvenção da Igreja*. Ele foi uma das grandes estrelas nesse movimento, assim como Gustavo

---

17. Ele lecionou na Pontifícia Universidade do Rio de Janeiro até 1983, quando foi proibido de ensinar teologia pelo Cardeal Eugênio de Araújo Salles, devido ao seu livro *Teologia de pé no chão*.

Gutiérrez[18]. Os jesuítas estiveram presentes corporativamente como uma comunidade e com seus grupos de reflexão, dando força a essa teologia para que se tornasse uma fonte para todo o continente e fosse ensinada em suas faculdades e institutos educacionais. Contudo, houve vários outros comprometidos em diversos níveis. A coleção *Teología y Liberación*, publicada simultaneamente em diversas línguas e países, teve um grupo sólido de jesuítas em sua lista de autores[19].

Em 1978, João Paulo II foi eleito papa. Isto deu início a um período difícil para os teólogos da libertação. A maior dificuldade para o novo papa foi que, ao usarem o método ver-julgar-agir, muitos dos teólogos da libertação se basearam em categorias marxistas de análise social. O livro principal sobre a metodologia da Teologia da Libertação, *Teologia e prática*, foi escrito por Clodovis Boff[20], que seguia os seguintes passos ao fazer teologia: (1) a mediação socioanalítica (análise da realidade com instrumentos das ciências sociais); (2) a mediação hermenêutica (reflexão bíblica e filosófica); e (3) a mediação prática (a tradução da teologia a um plano de ação prático) (cf. tb. BOFF, L. & BOFF, C. 1986).

O Vaticano temia que a mediação socioanalítica promovesse a luta de classes e adotasse o materialismo dialético marxista como uma perspectiva privilegiada para ler e interpretar a história (cf.

---

18. Gustavo Gutiérrez agora pertence à Ordem Dominicana. Sob pressão de Roma, Leonardo Boff deixou os franciscanos e o sacerdócio, apesar de continuar produzindo e publicando sobre teologia e filosofia.

19. Estes incluem João Batista Libânio, Xavier Albó, Bartolomé Meliá, Francisco Taborda, Pedro Trigo e, o mais famoso, Jon Sobrino, que escreveu livros notáveis repensando a cristologia e a eclesiologia a partir das "vítimas" – sua expressão inclusiva de denotar aqueles que sofrem com a injustiça e a violência; cf. Sobrino, 1996, 2001, 2008, 2010.

20. Originalmente a tese de doutorado de Boff, o livro explica a epistemologia da libertação.

McGOVERN, 1989)[21]. O papa polonês, que esteve profundamente engajado em apoiar a luta na Europa Oriental (inclusive no movimento Solidariedade na Polônia) contra o comunismo, não via essa referência à doutrina marxista como algo bom. Tampouco o via sua cúria. A discussão se acirrou sobre a legitimidade de usar categorias marxistas para entender uma realidade oprimida e conflituosa como a da América Latina. João Paulo II, comprometido em acabar com o comunismo na Europa Oriental, não admitia nem entendia como padres, bispos, freiras e até leigos pudessem usar uma teologia que se utilizava de categorias marxistas de análise e apoiar abertamente e publicamente sistemas políticos como o de Cuba ou a Revolução Sandinista na Nicarágua[22].

O desgosto do Vaticano com a Teologia da Libertação foi expresso em duas instruções, publicadas em 1984 (*Libertatis Nuntius*) e em 1986 (*Libertatis Conscientia*). A primeira foi muito crítica; a segunda, um pouco menos[23]. Durante esse período, a Teologia da Libertação passou por várias dificuldades diante da hierarquia da Igreja sobre seu uso de análises de orientação marxista. Teólogos da libertação argumentavam que usavam essas mediações do mesmo modo como Tomás de Aquino, na Idade Média, usou a filosofia pagã de Aristóteles. No entanto, esse ponto crítico nunca

---

21. Para a resposta de Gustavo Gutiérrez, cf. Gutiérrez, 2000.
22. Sobre Cuba, cf. Betto, 2016. Sobre apoio cristão à Revolução Sandinista, cf. Girardi, 1983. Uma das imagens notáveis desses anos foi a do Papa João Paulo II chegando à Nicarágua e repreendendo o Pe. Ernesto Cardenal, que servia no governo sandinista como ministro da cultura. Cardenal havia se ajoelhado para receber a bênção papal quando o papa se dirigiu a ele irritado, ordenando que endireitasse sua situação com a Igreja. Cf. tb. a biografia do irmão de Ernesto, Fernando Cardenal, 2008.
23. Em 1986, os Irmãos Boff publicaram uma carta aberta ao Cardeal Ratzinger (que mais tarde seria Papa Bento XVI). O texto analisava *Libertatis Conscientia*, em que Ratzinger tentava corrigir os supostos desvios da Teologia da Libertação na América Latina. Com muita ironia e coragem os Irmãos Boff expressaram seu desacordo. Para outra crítica sobre *Libertatis Conscientia*, cf. Segundo, 1987.

foi completamente resolvido (cf. McGOVERN, 1989). As duas instruções demonstravam que usar o método implicava a adoção da visão e perspectiva que o gerou, algo incompatível com a fé cristã. Argumentavam que uma teologia cristã nunca poderia adotar uma visão materialista da história e da vida.

O que Roma tinha dificuldades para entender era que a Teologia da Libertação tencionava construir um novo modo de fazer teologia e, ainda mais, não queria fazê-la fora da Igreja. Era uma proposta acadêmica, mas também pastoral. Tinha a função de acontecer dentro da Igreja a serviço dos pobres para ajudá-los a superarem sua pobreza e opressão. Os teólogos mais proeminentes, que estudaram no exterior por vários anos, repensaram tópicos teológicos a partir da perspectiva dos pobres, alcançaram diplomas e escreveram livros e artigos. Contudo, nenhum deles queria sair da Igreja. Não havia intenção alguma de formar uma Igreja paralela, ou uma "Igreja popular", como o Vaticano suspeitava.

Muitos dos livros produzidos durante os anos dourados da Teologia da Libertação foram traduzidos para o inglês, italiano, francês e alemão, entre outras línguas[24]. Planos para uma coleção de cinquenta volumes – *Theology and Liberation* – foram interrompidos após a publicação de apenas vinte volumes, devido à intervenção de Roma. Muitos teólogos foram reduzidos ao silêncio, proibidos de lecionar, ou permitidos somente com várias restrições. Leonardo Boff foi um deles[25].

A Teologia da Libertação resistiu a essas injúrias. Os teólogos mais famosos – como Gustavo Gutiérrez e Leonardo Boff, por exemplo – foram a Roma para tentar dialogar com o Vaticano.

---

24. A maioria foi publicada em inglês pela Orbis Books, incluindo vários dos volumes originais, na série *Theology and Liberation*.

25. Em 1985 eu o substituí, lecionando em seus cursos de Teologia Sistemática em Petrópolis, cidade serrana do Rio de Janeiro; cf. Cox, 1988.

Os resultados não foram muito esperançosos. Em um movimento paralelo, a política do pontificado de João Paulo II começou a mudar a face do episcopado latino-americano. Os bispos recém-nomeados contrariavam os bispos proféticos e corajosos que anteriormente haviam apoiado e lutado pelas Comunidades Eclesiais de Base, e que também apoiavam os teólogos da libertação. Essa geração envelheceu ou faleceu, e a geração atual de bispos tende a seguir novos movimentos conservadores.

Em 1989, a crise mundial, culminando com a queda do Muro de Berlim e dos Estados socialistas na Europa Oriental, teve repercussões profundas em toda a teologia latino-americana. Muitos dos líderes leigos, que haviam surgido das comunidades de base e que tinham um forte compromisso com a luta social e política, baseado em sua fé cristã, passaram por uma profunda crise. Alguns perderam sua esperança e deixaram a Igreja, assim como seus compromissos religiosos.

Fora da Igreja parecia que a ideia socialista de utopia havia sido derrotada, e o único modelo de sociedade possível era o capitalista. Sem o equilíbrio de poder fornecido pelo bloco socialista (o segundo mundo), não havia meios para pensar sobre um modo de viver além da economia de mercado e da sociedade neoliberal. O "fim da história" parecia haver chegado (cf. FUKUYAMA, 1992). Um grande sentimento de desilusão tomou conta dos corações e mentes daqueles que haviam se comprometido e apoiado as propostas da Teologia da Libertação, que haviam aprendido a ler e a interpretar o Evangelho através daquele modelo.

Em 1991, por ocasião da Encíclica *Centesimus Anus*, de João Paulo II, que marcava o centenário da Encíclica *Rerum Novarum*, Clodovis Boff demonstrou, em um excelente artigo intitulado "A Igreja militante de João Paulo II e o capitalismo triunfante", que, estando em um mundo democrático, é legítimo lutar contra a ideologia ou a teoria social, sendo inaceitável enganar os pobres de Cristo e defraudar sua esperança (cf. BOFF, C., 1994). É notável que o mesmo Clodovis Boff, que foi um dos apologistas mais fortes da Teologia da Libertação, haja escrito em 2007 um artigo com teor fortemente crítico a respeito desta. Ele a acusou de fazer dos pobres o centro da teologia, o que significaria colocá-los no lugar de Deus. Afirmou que o único padrão para a teologia é o Cristo Senhor; tudo mais, inclusive os pobres, é secundário (cf. BOFF, C., 2007).

Muitos outros teólogos latino-americanos, dentre eles o irmão de Clodovis, Leonardo Boff, responderam ao texto e o criticaram enfaticamente (cf. BOFF, L., 2008; SUSIN & HAMMES, 2008; AQUINO JÚNIOR, 2008). Clodovis Boff então contestou se autocriticando por anteriormente haver caído na tentação de magnificar e idealizar os pobres (cf. BOFF, C. 2008). Ele reafirmou com convicção que uma Teologia da Libertação legítima deve ter consciência clara de que é meramente uma teologia parcial, evitando a pretensão de oferecer uma teologia compreensiva coextensiva com todo o mistério cristão. A Teologia da Libertação – diz Clodovis Boff – tem uma perspectiva particular dentro da perspectiva maior da fé. Ele invoca Karl Rahner, que, escrevendo em 1984, afirmou: "A Teologia da Libertação é consciente de seu significado limitado dentro de toda a teologia católica". Essa teologia, portanto, continua Clodovis Boff, precisa ser consciente de si mesma, não representando toda uma nova teologia que está em conflito com a substância da grande tradição teológica, mas entendendo-se como um "novo passo" em continuidade com a mesma tradição, como João Paulo II afirma em sua instrução *Libertatis conscientia* (n. 23, 71, 99).

Então, afinal de contas, quando um de seus protagonistas mais significativos é tão crítico, devemos concluir que a Teologia da Libertação está morta?

Pelo contrário, com o distanciamento histórico podemos melhor avaliar a crise da Teologia da Libertação como algo positivo.

Isso forçou os teólogos da libertação a expandir seus horizontes e a perceber que o processo de libertação não é somente sobre seres humanos, mas também sobre toda a criação. Preocupações ecológicas e a luta para proteger a Terra passaram a ser indispensáveis às inquietações humanas. Teologias cristãs, mesmo em suas formas mais abertas e atuais, como a Teologia da Libertação, são acusadas de exceder a abordagem antropocêntrica do mundo e da vida humana. A interpretação tradicional do mandato do Gênesis para reproduzir e dominar a Terra foi considerada responsável pela atitude gananciosa da humanidade em relação à natureza e à criação. Para reverter essa ideia, a teologia teve que progredir. A consciência cristã cresceu cada vez mais ciente de que sempre é preciso ir à frente, buscando modos novos e maiores de alcançar a verdadeira libertação de acordo com os princípios da Bíblia e do Evangelho de Cristo.

Sustentabilidade ambiental e cuidado pela Terra se inseriram na agenda da libertação, assim como novos temas a respeito de questões mais abrangentes, como gênero, raça, etnia e diversidade religiosa. Novas formas de reflexão começaram com a convicção de que a luta pela justiça também implica a construção de um mundo mais sustentável. Tudo que prejudica os seres humanos prejudica também o planeta. Se a raça humana continuar destruindo a natureza e a vida em todas as suas manifestações, logo os seres humanos não serão capazes de sobreviver. A ligação inseparável entre a luta pela justiça, a luta pela natureza e a biodiversidade tornou-se central para o compromisso da reflexão teológica[26].

Além disso, o surgimento de novos temas trouxe uma interpelação válida e preciosa para a Teologia da Libertação. As mulheres e toda a questão de gênero e diversidade sexual mostraram-se

---

26. Cf., p. ex., as obras sobre ecologia e o cuidado da Terra, de Leonardo Boff, 1993, 1996.

fortes na reflexão de teólogos latino-americanos. Particularmente, teólogas levantaram suas vozes e começaram a escrever e a publicar suas próprias reflexões teológicas. Ademais, a questão racial, tão importante em um continente onde a escravidão esteve presente até o fim do século XIX, tornou-se cada vez mais pronunciada, especialmente na medida em que teólogos de origem africana começaram a trazer suas questões e temas ao debate teológico. Em um continente com tantas etnias, o debate sobre etnia e toda a questão indígena, que se ligava às questões de ecologia e diversidade cultural, provou ser central. A reflexão sobre os povos originais (*pueblos originarios*), especialmente na Argentina, deu origem a uma nova escola teológica: a *teología del pueblo*, que influenciou fortemente o Cardeal Bergoglio de Buenos Aires (agora Papa Francisco).

Finalmente, a pluralidade de novos temas trouxe resposta à necessidade de diálogo com outras denominações e tradições.

Uma fonte teológica de muitas coisas boas e novas

O legado do Concílio Vaticano II, principalmente na Constituição Pastoral *Gaudium et Spes*, chama atenção para o dever de estar atento ao humano como coração da vocação e missão da Igreja. De acordo com as palavras iniciais desse documento, "As alegrias e as esperanças, as tristezas e as angústias dos homens de hoje, sobretudo dos pobres e de todos aqueles que sofrem, são também as alegrias e as esperanças, as tristezas e as angústias dos discípulos de Cristo; e não há realidade alguma verdadeiramente humana que não encontre eco no seu coração. Porque a sua comunidade é formada por homens" (n. 1).

A grande questão da humanidade, que Deus amou a ponto de enviar seu Filho, é e precisa ser a preocupação principal da Igreja e da teologia. Além disso, entre esses homens e mulheres que compõem essa humanidade, os pobres e aqueles que sofrem de todas as formas estão sempre ali, com suas faces gritando por justiça e reconhecimento. Infelizmente, a pobreza está longe de ser superada, e a justiça não é um fato em nosso mundo, muito menos na América Latina, apesar de todos os esforços da Igreja local. Além disso, em continentes como este, onde um terço da população está abaixo da linha da pobreza extrema, a opção pelos pobres permanece uma verdadeira prioridade.

Colocando esta questão no centro de sua reflexão, a teologia latino-americana – ou seja, a Teologia da Libertação – encontrou sua vocação e propósito desejados por Deus. E, por causa disso, continua situando a questão dos pobres e da justiça no centro de seu pensamento. Essa é a razão pela qual podemos afirmar que permanece viva. Existem teólogos que continuam lendo e interpretando a realidade com o mesmo *pathos* e o mesmo *ethos* dos primeiros anos. Pedro Trigo, um teólogo da libertação da primeira geração, comprometido, diz: "Isto é decisivo. Se não estiver presente, a elaboração teológica será reduzida à escolástica, uma prática acadêmica que, na melhor das hipóteses, pode ser rigorosa e cheia de boas intenções, porém não será nada além de mero produto intelectual. Pode se referir corretamente à realidade, mas sem possuir sua densidade, reduzindo-se a uma mera referência a ela" (TRIGO, 2005: 291).

A conclusão é que a Teologia da Libertação continua existindo e, de fato, permanecerá bastante tempo viva porque ainda existem teólogos que vivem sua teologia como um ato segundo, de acordo com esses *pathos* e *ethos*, que são o primeiro ato. Ainda existem teólogos que concebem sua teologia como uma misericórdia buscando entendimento – *intellectus amoris* –, que é também uma teologia da graça e da libertação.

De acordo com Jon Sobrino, o primeiro despertar da raça humana nos tempos modernos foi aquele do torpor dogmático, graças a Kant, Hegel e aos mestres da suspeita. Sua consequência foi a *intellectus fidei*. O segundo despertar, desta vez do torpor da inumanidade, nos ajuda a compreender a necessidade de uma teologia que seja preferencialmente *intellectus amoris*. E esta é uma teologia preocupada em "tirar pessoas crucificadas da cruz". A Teologia da Libertação sempre tratou de ser *intellectus amoris*, compreendendo-se como uma teologia a serviço da infinita misericórdia do Pai (cf. SOBRINO, 1994).

Nos últimos anos, a Teologia da Libertação não desistiu deste chamado para ser *intellectus amoris*. Hoje, essa inteligência do amor está mais rica do que nunca, pois ampliou seu espaço e reconheceu outras pobrezas antropológicas para além dos tipos socioeconômico e político. Agora, reconhece, entre outras, a questão da ecologia, as injustiças de gênero, raça e etnia, como também a necessidade de superar os preconceitos inter-religiosos. Todas estas também são pobrezas antropológicas que prejudicam os seres humanos, e a Teologia da Libertação continua a prestar muita atenção em todas.

2
Os pobres como sujeito e método

A opção pelos pobres surgiu explicitamente na segunda assembleia da Conferência Episcopal Latino-Americana (Celam), que ocorreu em Medellín, Colômbia, em 1968, no contexto de um esforço em aplicar os ensinamentos do Concílio Vaticano II em um continente marcado por pobreza em massa (cf. GUTIÉRREZ, 1979). Como nota Clodovis Boff:

> não foi só o Vaticano II, mas, conjugadas com ele, foram as circunstâncias concretas em que vivia então o continente que levaram a Igreja da América Latina a definir sua identidade. Ora, tal definição se deu justamente em função dessa realidade. Deu-se, portanto, em chave enfaticamente social. A Igreja da América Latina se caracteriza por ser uma "Igreja social": é uma Igreja profética, dos pobres e libertadora[27].

Esta opção buscava direcionar o sujeito e o conteúdo da evangelização. De acordo com o documento final de Medellín:

> O episcopado latino-americano não pode ficar indiferente ante as tremendas injustiças sociais existentes na América Latina, que mantêm a maioria de nossos povos numa dolorosa pobreza, que em muitos casos chega a ser miséria desumana. Um surdo clamor

---

27. Extraído de *A originalidade histórica de Medellín* [Disponível em http://servicio skoinonia.org].

nasce de milhões de homens, pedindo a seus pastores uma libertação que não lhes chega de nenhuma parte. "Agora estão nos escutando em silêncio, mas ouvimos o grito que sobe de vosso sofrimento", disse o papa aos camponeses colombianos ("Pobreza da Igreja", n. 1-2)[28].

Na seção III do mesmo capítulo, chamado "Orientações pastorais", o documento oferece afirmações e compromissos ainda mais concretos e incisivos:

> Por tudo isso queremos que a Igreja da América Latina seja evangelizadora e solidária com os pobres, testemunha do valor dos bens do Reino e humilde servidora de todos os homens de nossos povos. Seus pastores e demais membros do Povo de Deus hão de dar à sua vida, suas palavras, suas atitudes e sua ação, a coerência necessária com as exigências evangélicas e as necessidades dos homens latino-americanos (n. 8).

O subtítulo, "Preferência e solidariedade", aponta as raízes daquilo que será chamado de opção preferencial pelos pobres:

> O mandato particular do Senhor, que prevê a evangelização dos pobres, deve levar-nos a uma distribuição tal de esforços e de pessoal apostólico que visa, preferencialmente, os setores mais pobres e necessitados e os povos segregados por uma causa ou outra, estimulando e acelerando as iniciativas e estudos que com esse fim se realizem.
>
> Queremos, como bispos, nos aproximar, cada vez com maior simplicidade e sincera fraternidade, dos pobres, tornando possível e acolhedor o seu acesso até nós.

---

28. O documento está disponível em português em diversos sites, incluindo http://www.cpalsj.org

> Isto há de se concretizar na denúncia da injustiça e da opressão, na luta contra a intolerável situação suportada frequentemente pelo pobre, na disposição de dialogar com os grupos responsáveis por essa situação, para fazê-los compreender suas obrigações.
>
> Expressamos nosso desejo de estar sempre bem perto dos que trabalham no abnegado apostolado dos pobres, para que sintam nosso estímulo e saibam que não ouviremos vozes interessadas em denegrir seu trabalho (n. 9-11).

Em 1979, onze anos após Medellín, a conferência geral seguinte dos bispos latino-americanos ocorreu em Puebla, México. O documento final de Puebla define mais sólida e consistentemente a opção pelos pobres. O texto não fala sobre um desiderato para o futuro, mas sobre algo que se movia na Igreja continental há mais de uma década.

> A opção preferencial pelos pobres tem como objetivo o anúncio do Cristo Salvador, que os iluminará sobre a sua dignidade, os ajudará em seus esforços de libertação de todas as suas carências e os levará à comunhão com o Pai e os irmãos, mediante a vivência da pobreza evangélica (n. 1.153)[29].

A base para esta opção reside no anúncio do Evangelho de Jesus (n. 1.141) e no anúncio da defesa e amor de Deus por aqueles que sofrem devido ao simples fato de serem pobres (n. 1.142); historicamente, é comovente, devido à "escandalosa realidade dos desequilíbrios econômicos da América Latina" (n. 1.154). É uma opção preferencial, mas não uma opção exclusiva. Revelação e salvação são universais, e optar pelos pobres não implica negligência para com a

---

29. Uma tradução em português do documento final de Puebla está disponível em http://www.pucminas.br

evangelização de outros. Não obstante, Puebla afirma que mesmo a evangelização daqueles que não são pobres é uma opção importante e necessária. "O testemunho de uma Igreja pobre pode evangelizar os ricos, que têm o coração apegado às riquezas, convertendo-os e libertando-os desta escravidão e de seu egoísmo" (n. 1.156).

O documento de conclusões da conferência de Puebla recorda a opção pelos pobres de Medellín, confirmando que sua novidade e sua importância vão além da dimensão pastoral. Ele lança toda uma lógica e dinamismo, que permeia todas as circunstâncias, para assim configurar todo o ser e a prática da Igreja, espiritualmente e historicamente. É mais do que uma opção temporal. É um modo de viver e agir neste mundo e, simplesmente, de ser humano. Exige da Igreja na América Latina que repense seu método de evangelização, sua vida e estruturas internas, criando uma troca aberta entre a Igreja que anuncia a Boa-nova aos pobres e a Igreja que, por sua vez, é evangelizada por eles. Ao afirmar que a opção pelos pobres é enraizada em Deus e em Jesus Cristo, a Igreja é desafiada a repensar seu anúncio de quem Deus e Jesus Cristo são. É uma opção pela vida informada pela fé, pois Deus é o Deus da vida, que deseja a vida em plenitude para todas as suas criaturas (cf. SOBRINO, 2008).

Após a conferência de Puebla, o CELAM não convocou outra assembleia até 1992, em Santo Domingo, na República Dominicana. Foi um encontro difícil. Àquela altura o Vaticano havia se colocado contra a Teologia da Libertação. Esses foram os anos que o grande teólogo Karl Rahner descreveu como um "inverno eclesial"[30]. O documento preparatório para a conferência de Santo

---

30. Afirmação feita em entrevista a David Seeber em 05/03/1984, aniversário de Rahner e algumas semanas antes de sua morte. Nessa entrevista, que seria sua última, Rahner analisou com maturidade a situação da Igreja e usou a expressão que pode ser traduzida para o português como "inverno eclesial", para se referir ao que ocorria com a instituição.

Domingo claramente marcou um afastamento das prioridades de Medellín e Puebla.

A quarta conferência do CELAM foi convocada na Ilha de La Hispaniola, onde Colombo havia chegado em 1492. Os poderes políticos latino-americanos e de muitas outras instituições civis iriam celebrar o 500º aniversário de descobrimento da América. Contudo, havia outras instituições e movimentos – incluindo a parte mais progressista da Igreja latino-americana – que se opunham a tal celebração triunfalista, assim como à terminologia anacronista de *descoberta*. O argumento era de que Colombo não descobriu um continente, mas chegou a um continente em que populações nativas habitavam em paz, inaugurando uma era de violenta colonização. Todos esses argumentos políticos afetaram a atmosfera da conferência de Santo Domingo (cf. HENNELLY, 1993[31]). Assim, o documento final incluía uma série de elementos positivos, enfatizando o papel dos leigos, convocando-os a serem protagonistas de uma nova evangelização. Todavia, os ares proféticos que sopraram sobre Medellín e Puebla pareciam fracos e distantes.

Em 2007, na Quinta Conferência do Celam, em Aparecida, a Igreja voltou sua atenção à importância central da opção pelos pobres. Na sessão inaugural, no dia 13 de maio, o Papa Bento XVI reafirmou a opção pelos pobres como uma prioridade evangélica. Em suas próprias palavras: "A opção preferencial pelos pobres está implícita na fé cristológica naquele Deus que se fez pobre por nós, para nos enriquecer com sua pobreza".

Em 2013, o Papa Francisco enfatizou ainda mais esta prioridade indiscutível em sua exortação apostólica *Evangelii Gaudium*:

> Para a Igreja, a opção pelos pobres é uma categoria antes teológica do que cultural, sociológica, política

---

31. A obra inclui os documentos e uma série de comentários, inclusive uma avaliação crítica por Jon Sobrino.

ou filosófica. Deus "manifesta a sua misericórdia, antes de mais nada", a eles. Essa preferência divina tem consequências na vida de fé de todos os cristãos, chamados a possuir "os mesmos sentimentos que estão em Cristo Jesus" (Fl 2,5). Inspirada por tal preferência, a Igreja fez uma opção pelos pobres, entendida como uma "forma especial de primado na prática da caridade cristã, testemunhada por toda a Tradição da Igreja". Como ensinava Bento XVI, essa opção "está implícita na fé cristológica naquele Deus que se fez pobre por nós, para nos enriquecer com sua pobreza". Por isso, desejo uma Igreja pobre para os pobres. Estes têm muito para nos ensinar. Além de participar do *sensus fidei*, nas suas próprias dores conhecem Cristo sofredor. É necessário que todos nos deixemos evangelizar por eles. A nova evangelização é um convite a reconhecer a força salvífica das suas vidas, e a colocá-los no centro do caminho da Igreja. Somos chamados a descobrir Cristo neles: não só a emprestar-lhes a nossa voz nas suas causas, mas também a ser seus amigos, a escutá-los, a compreendê-los e a acolher a misteriosa sabedoria que Deus nos quer comunicar através deles (n. 198).

Para entender com clareza o que a Igreja quer dizer quando propõe os pobres como prioridade e como uma opção fundamental para a vida cristã e para a teologia, é imperativo fazer algumas perguntas: O que a Igreja quer dizer com *pobres*? Como uma realidade social pode se tornar uma categoria e conceito teológicos?

Quem são os pobres?

Em sua obra inovadora *Teologia da Libertação* (1971), o teólogo peruano Gustavo Gutiérrez esclarece seu entendimento sobre o pobre e a pobreza.

Primeiramente, ele escreve, "pobreza material" é um mal a ser combatido e contra o qual deve-se lutar. Não é resultado do destino ou uma ocasião para praticar a caridade, mas uma dinâmica degradante que diminui a dignidade humana e que deve ser combatida, rejeitada e eliminada do mundo.

Em segundo lugar, a pobreza não deve ser considerada como o resultado da sorte ou da preguiça. É devida a injustiças estruturais que privilegiam poucos enquanto marginalizam muitos. Mais importante, Gutiérrez afirma que a pobreza não é inevitável e imutável. Coletiva e solidariamente os pobres podem se organizar e lutar por mudanças sociais.

Em terceiro lugar, a pobreza é uma realidade complexa, não limitada a suas dimensões econômicas. Ser pobre é ser insignificante, ser visto sem valor pela sociedade. Aquele que é pobre se encontra constantemente vulnerável e exposto à morte prematura. Nas palavras do poeta brasileiro João Cabral de Mello Neto, os pobres morrem:

> de velhice antes dos trinta,
> de emboscada antes dos vinte,
> de fome um pouco por dia[32].

Jon Sobrino (2008) também tenta definir o que se entende por "pobres" na Teologia da Libertação latino-americana. Os pobres são, concretamente, aqueles seres humanos para os quais o fato fundamental de viver é um fardo pesado e uma luta constante em meio a total insegurança e a condições precárias, até mesmo a respeito da questão mais básica como, por exemplo, de onde virá sua próxima refeição. Falando biblicamente, os pobres são aqueles que são dobrados, curvados, humilhados, ignorados e depreciados pela sociedade para a vida.

---

32. Extraído de *Morte e Vida Severina*, de João Cabral de Mello Neto.

Essa é a compreensão dos pobres na teologia latino-americana. Os pobres o são antes de tudo socioeconomicamente. Frei Betto, outro teólogo e escritor da Teologia da Libertação bem conhecido, utiliza palavras fortes para descrever essa realidade em nosso continente:

> Falar em direitos humanos na América Latina é luxo. Aqui, ainda lutamos por direitos animais, pois comer, abrigar-se das intempéries, engordar a cria são coisas de bicho. Nunca vi um bezerro abandonado nas ruas do Brasil ou uma vaca na esquina à espera de quem lhe dê comida. Mas há 8 milhões de crianças abandonadas e milhares de mendigos catando restos em latas de lixo[33].

Junto a essa pobreza socioeconômica concreta há também uma pobreza sociocultural. Esse elemento foi muito enfatizado pela teologia do povo (*teología del pueblo*), uma teologia com a qual o então arcebispo de Buenos Aires, Jorge Mario Bergoglio, hoje Papa Francisco, estava muito conectado. A teologia do povo era – de acordo com Gustavo Gutiérrez (1979) – uma linha da Teologia da Libertação com suas próprias características.

De acordo com Juan Carlos Scannone, um representante proeminente dessa teologia, os elementos da teologia do povo são:

1) Tomar como ponto de partida o povo aborígene latino-americano (*pueblos originarios*), cujas sabedoria e religião são frequentemente inculturadas pelo povo de Deus.

2) O uso preferencial de uma análise histórico-cultural como meio para interpretar e julgar a realidade histórica e social dos pobres à luz da fé.

---

[33]. Extraído de *Direitos humanos ou direitos animais?"* [Disponível em http://www.correiocidadania.com.br].

3) Usar as ciências humanas, como a história, a antropologia cultural e a ciência da religião, além de símbolos e narrativas, de uma maneira mais sintética e hermenêutica, sem desprezar as ciências mais analíticas.

Desde o princípio, essa corrente criticou o uso de instrumentos marxistas de análise pela Teologia da Libertação, considerando-os não críticos o suficiente. Os pobres, contudo, têm um lugar especial nas categorias centrais da teologia do povo: povo, religião popular, cultura.

Os teólogos da libertação nunca negaram a importância da pobreza cultural. Junto com a pobreza socioeconômica há também a pobreza cultural, que é igualmente difícil e pesada. Há opressão e discriminação racial, étnica e sexual. Além disso, é comum que muitas mulheres e povos indígenas enfrentem maiores dificuldades ao longo da vida devido ao seu gênero e à sua origem. Essa dificuldade a mais depende da realidade socioeconômica e a exacerba.

A teologia do povo permaneceu mais como um fenômeno argentino, enquanto no resto do continente predominou a aderência à versão convencional, conhecida simplesmente como Teologia da Libertação. Hoje, a teologia do povo ganhou mais atenção devido ao fato de que um de seus defensores, Cardeal Jorge Bergoglio, de Buenos Aires, tornou-se papa, e o jesuíta Juan Carlos Scannone, seu assessor mais próximo. Certamente, Pe. Scannone nunca entendeu a teologia do povo em contraposição à Teologia da Libertação. Pelo contrário, ele afirma que é a versão argentina da Teologia da Libertação. A diferença está em que a teologia do povo nunca usou categorias marxistas de análise, como o fez a Teologia da Libertação[34].

Independente das diversas correntes, a Teologia da Libertação se enraizou em um discurso metodológico específico: ver-

---

34. Cf. entrevista de Pe. Juan Carlos Scannone a *IHU notícias* [Disponível em http://ihu.unisinos.br].

-julgar-agir[35]. Além disso, essa teologia não queria permanecer nos livros e cursos acadêmicos, mas se relacionar com os pobres e ajudá-los a colocar em ação seu próprio processo de libertação. A Teologia da Libertação buscava construir uma nova sociedade lutando ao lado do pobre para habilitá-lo a ser sujeito de sua própria história (cf. BOFF, C. & BOFF, L., 1986).

A Igreja dos pobres: um conceito com raízes remotas

Mesmo havendo se tornado mais visível e sistematicamente organizada no século XX após o Vaticano II, a opção preferencial pelos pobres não foi uma invenção recente; era um dos princípios básicos da doutrina social católica. Os Padres da Igreja já haviam expressado a importância central dos pobres nos primeiros quatro séculos do Cristianismo. Santo Ambrósio, por exemplo, escreve: "Você não está fazendo uma doação de suas possessões à pessoa pobre. Você está lhe dando o que lhe pertence. Pois o que foi dado em comum para o uso de todos, você revogou a si mesmo. O mundo é dado a todos, não somente aos ricos"[36]. Ou também Basílio Magno, que escreve em seu "Comentário a Mt 25,31-46":

> O pão que você deixa é o pão daqueles que tem fome. A roupa que você deixa mofando é a roupa daqueles que estão nus. Os calçados que você não usa são os calçados daqueles que estão descalços. O dinheiro que você esconde é o dinheiro dos pobres. Os trabalhos de caridade que você não pratica são uma das várias injustiças que você comete. Aquele que acumula mais do que o necessário pratica o crime.

---

35. Esse método havia sido sistematizado pela Ação Católica, um movimento leigo nascido na França e muito forte na América Latina entre as décadas de 1950 e 1960. Ajudou os cristãos que estavam engajados socialmente na busca por uma compreensão crítica da realidade e por um compromisso com a ação transformadora.

36. Citado na *Populorum Progressio*, 1967, n. 23.

Igualmente, São Gregório de Nissa (1986: 193-206) escreve que a "solidariedade com os pobres é a lei de Deus, não um mero conselho".

A centralidade dos pobres é tão própria ao Evangelho e à tradição da Igreja cristã que até mesmo está presente no Direito Canônico da Igreja, que afirma: "Os fiéis cristãos são obrigados a promover justiça social e, conscientes do preceito do Senhor, a ajudar os pobres a partir de seus próprios recursos" (cânon 222, § 2). Essa perspectiva social do cristianismo sempre existiu, mas começou a ser organizada no século XIX, no contexto de um diálogo com um mundo secularizado e industrializado, com a encíclica do Papa Leão XIII, *Rerum Novarum*. O que o Vaticano II fez foi recordar aos fiéis as origens de sua fé, as fontes de sua salvação, para viverem a fé plenamente, compromissados com a justiça e a caridade.

O Papa João XXIII, ao convocar o concílio, falou de um de seus objetivos: que a Igreja recuperasse sua verdadeira identidade como Igreja dos pobres[37]. Muitos dos padres conciliares e seus assessores teológicos se sentiram movidos por esse tema. Alguns viam a questão dos pobres como uma questão pastoral a ser abordada com uma estratégia de trabalho pastoral boa e bem-organizada, enquanto outros – incluindo os latino-americanos Dom Helder Camara, do Brasil, e Dom Manuel Larrain, do Chile – tinham outra visão. Eles viam a questão dos pobres como uma questão estrutural. Desse modo, enfatizavam que a pobreza era fruto da injustiça e afirmavam a necessidade de a Igreja acompanhá-los no processo de suas lutas por libertação.

O Cardeal Lercaro de Bolonha teve um papel muito importante nesse ponto. No dia 6 de dezembro de 1962, antes da sessão

---

37. A frase "Igreja dos pobres" foi usada pela primeira vez pelo Papa João XXIII em seu discurso inaugural aos padres do Concílio Vaticano II, em 1962.

geral, ele pronunciou um longo discurso intitulado "Igreja e pobreza". Ele aprofundaria ainda mais suas reflexões sobre o assunto em uma conferência em Beirute, em 1964[38].

Paulo Fernando Carneiro de Andrade sintetiza a posição de Lercaro:

- A questão dos pobres constitui um mistério fundado no mistério da própria Encarnação. O processo kenótico inclui o fato de que o Verbo não assumiu qualquer carne humana (*sarx*), mas carne pobre, e esta não é uma questão indiferente.

- Os pobres têm um lugar especial na economia da salvação, à luz das profecias messiânicas de Isaías; isso fica claro nas bem-aventuranças e no sermão inaugural de Jesus na sinagoga de Nazaré ("Felizes os pobres no espírito" e "Eu vim para anunciar a Boa-nova aos pobres").

- A salvação sempre está em conformidade com Cristo, pobre, crucificado e perseguido.

Além disso, ele oferece algumas luzes cristológicas:

- Aplicando conclusões eclesiológicas a estas duas características de Jesus – Messias dos pobres e pobre Messias –, podemos dizer que a Igreja é depositária desse messianismo de Jesus; a Igreja, que por extensão do mistério da *kénosis* (autoesvaziamento) do Verbo, não pode falhar em ser, em primeiro e privilegiado lugar, de modo claro, a Igreja dos pobres de dois modos: como uma Igreja diante de todos os pobres, para os pobres, enviada pela salvação dos pobres, e como uma Igreja pobre.

- Por essa razão, a questão da Igreja dos pobres não pode ser somente mais um tema para a consideração do Concílio, mas deveria ser o tema geral e sintetizador de todo o Concílio.

---

38. Os textos são citados em Andrade, 2015.

"O Pacto das Catacumbas"

As palavras do Cardeal Lercaro deram frutos. Ao se aproximar do encerramento do Concílio no dia 16 de novembro de 1965, quarenta bispos se encontraram à noite nas catacumbas de Domitilla, perto de Roma. Naquele lugar santo de mártires cristãos, eles celebraram a Eucaristia e assinaram um documento que expressava seu compromisso pessoal como bispos aos ideais do Concílio, sob o título sugestivo: "O Pacto das Catacumbas". O bispo franciscano Boaventura Kloppenburg inseriu uma transcrição em sua crônica *Concílio Vaticano II*. Ele intitulou o documento de "O pacto da Igreja serva e pobre"[39]. É conhecido que os bispos foram liderados pelo Arcebispo Helder Camara, de Recife, um dos mais respeitados defensores da justiça e da paz do século XX. O Cardeal Roger Etchegaray, que mais tarde serviu como presidente honorário do Pontifício Conselho para a Justiça e Paz, foi outro signatário.

Nesse pacto os bispos se comprometeram com os ideais da pobreza e da simplicidade, deixando seus palácios e indo morar em casas individuais ou apartamentos em proximidade aos pobres. Devemos reconhecer que, apesar de Dom Helder Camara e Dom Manuel Larrain não alcançarem tudo que esperavam no concílio, seus esforços causaram um profundo impacto espiritual e profético.

"O Pacto das Catacumbas" é um desafio a seus "irmãos do episcopado" a abraçar a vida de pobreza e a construir uma Igreja que é "pobre e serva", como sugerido pelo Papa João XXIII. Os signatários incluíam vários brasileiros e latino-americanos, assim como outros que mais tarde também apoiaram a causa. Todos concordaram em viver em pobreza evangélica, rejeitar todos os símbolos e privilégios do poder e colocar o pobre no centro de seu ministério pastoral.

---

39. Disponível em inglês em http://sedosmission.org

O texto, reproduzido abaixo, demonstra o espírito de uma Igreja na linha do anúncio do Cardeal Lercaro: uma Igreja para os pobres e uma Igreja pobre[40].

O Pacto das Catacumbas: uma Igreja serva e pobre[41]

Nós, Bispos, reunidos no Concílio Vaticano II, esclarecidos sobre as deficiências de nossa vida de pobreza segundo o Evangelho; incentivados uns pelos outros, numa iniciativa em que cada um de nós quereria evitar a singularidade e a presunção; unidos a todos os nossos Irmãos no Episcopado; contando sobretudo com a graça e a força de Nosso Senhor Jesus Cristo, com a oração dos fiéis e dos sacerdotes de nossas respectivas dioceses; colocando-nos, pelo pensamento e pela oração, diante da Trindade, diante da Igreja de Cristo e diante dos sacerdotes e dos fiéis de nossas dioceses, na humildade e na consciência de nossa fraqueza, mas também com toda a determinação e toda a força de que Deus nos quer dar a graça, comprometemo-nos ao que se segue:

1) Procuraremos viver segundo o modo ordinário da nossa população, no que concerne à habitação, à alimentação, aos meios de locomoção e a tudo que daí se segue. Cf. Mt 5,3; 6,33s.; 8,20.

2) Para sempre renunciamos à aparência e à realidade da riqueza, especialmente no traje (fazendas ricas, cores berrantes), nas insígnias de matéria preciosa (devem esses signos ser, com efeito, evangélicos). Cf. Mc 6,9; Mt 10,9s.; At 3,6. Nem ouro nem prata.

---

40. De acordo com o historiador brasileiro José Oscar Beozzo, havia 39 bispos presentes, mas há duas listas. Para um ponto de vista mais preciso, cf. Pikaza, 2015; Beozzo, 2015; e "Nota sobre os participantes da celebração do Pacto das Catacumbas" [Disponível em http://nucleodememoria.vrac.puc-rio.br].

41. Cf. Sobrino, 2010 [Disponível em ncronline.org]. O editor observa o seguinte: "este artigo foi escrito em 2009 em ocasião do 100º aniversário de nascimento de Dom Helder Camara".

3) Não possuiremos nem imóveis, nem móveis, nem conta em banco etc. em nosso próprio nome; e, se for preciso possuir, poremos tudo no nome da diocese ou das obras sociais ou caritativas. Cf. Mt 6,19-21; Lc 12,33s.

4) Cada vez que for possível, confiaremos a gestão financeira e material em nossa diocese a uma comissão de leigos competentes e cônscios do seu papel apostólico, com vistas a sermos menos administradores do que pastores e apóstolos. Cf. Mt 10,8; At 6,1-7.

5) Recusamos ser chamados, oralmente ou por escrito, com nomes e títulos que signifiquem grandeza e poder (Eminência, Excelência, Monsenhor...). Preferimos ser chamados com o nome evangélico de padre. Cf. Mt 20,25-28; 23,6-11; Jo 13,12-15.

6) No nosso comportamento, nas nossas relações sociais, evitaremos aquilo que pode parecer conferir privilégios, prioridades ou mesmo uma preferência qualquer aos ricos e aos poderosos (ex.: banquetes oferecidos ou aceitos, classes nos serviços religiosos). Cf. Lc 13,12-14; 1Cor 9,14-19.

7) Do mesmo modo, evitaremos incentivar ou lisonjear a vaidade de quem quer que seja, com vistas a recompensar ou a solicitar dádivas, ou por qualquer outra razão. Convidaremos nossos fiéis a considerarem as suas dádivas como uma participação normal no culto, no apostolado e na ação social. Cf. Mt 6,2-4; Lc 15,9-13; 2Cor 12,4.

8) Daremos tudo o que for necessário de nosso tempo, reflexão, coração, meios etc. ao serviço apostólico e pastoral das pessoas e dos grupos trabalhadores e economicamente fracos e subdesenvolvidos, sem que isso prejudique as outras pessoas e grupos da diocese. Ampararemos os leigos, religiosos, diáconos ou sacerdotes que o Senhor chama a evangelizar os pobres e os operários compartilhando a

vida operária e o trabalho. Cf. Lc 4,18s.; Mc 6,4; Mt 11,4s.; At 18,3s.; 20,33-35; 1Cor 4,12; 9,1-27.

9) Cônscios das exigências da justiça e da caridade, e das suas relações mútuas, procuraremos transformar as obras de "beneficência" em obras sociais baseadas na caridade e na justiça, que levam em conta todos e todas as exigências, como um humilde serviço dos organismos públicos competentes. Cf. Mt 25,31-46; Lc 13,12-14.33s.

10) Poremos tudo em ação para que os responsáveis pelo nosso governo e pelos nossos serviços públicos decidam e ponham em prática as leis, as estruturas e as instituições sociais necessárias à justiça, à igualdade e ao desenvolvimento harmônico e total do homem todo e todos os homens, e, por aí, ao advento de uma outra ordem social, nova, digna dos filhos do homem e dos filhos de Deus. Cf. At 2,44s.; 4,32-35; 5,4; 2Cor 8–9; 1Tm 5,16.

11) Entendendo a colegialidade dos bispos como sua realização mais evangélica na assunção do encargo comum das massas humanas em estado de miséria física, cultural e moral – dois terços da humanidade – comprometemo-nos: a participar, conforme nossos meios, dos investimentos urgentes dos episcopados das nações pobres; a requerer juntos, no plano dos organismos internacionais, mas testemunhando o Evangelho, como o fez o Papa Paulo VI na ONU, a adoção de estruturas econômicas e culturais que não mais fabriquem nações proletárias num mundo cada vez mais rico, mas que permitam às massas pobres deixar a miséria.

12) Comprometemo-nos a partilhar, na caridade pastoral, nossa vida com nossos irmãos em Cristo, sacerdotes, religiosos e leigos, para que nosso ministério constitua um verdadeiro serviço; assim: esforçar-nos-emos para "revisar nossa vida" com eles;

suscitaremos colaboradores a ser mais que nada animadores segundo o espírito do que chefes segundo o mundo; procuraremos ser o mais humanamente presentes, acolhedores...; mostrar-nos-emos abertos a todos, seja qual for sua religião. Cf. Mc 8,34s.; At 6,1-7; 1Tm 3,8-10.

13) Voltando às nossas dioceses respectivas, daremos a conhecer aos nossos diocesanos a nossa resolução, rogando-lhes ajudar-nos por sua compreensão, seu concurso e suas preces. Ajude-nos Deus a sermos fiéis.

Esse texto teve uma forte influência sobre a Teologia da Libertação, que veio a florir nos anos seguintes. Além de Dom Helder Camara, os signatários, comprometidos radicalmente, incluíam os brasileiros Dom Antonio Fragoso, de Crateús, e Dom José Maria Pires, de João Pessoa, carinhosamente chamado de Dom Zumbi, devido a seu forte compromisso com o povo afro-brasileiro. Da Hispano-América, os signatários incluíam: o Bispo Manuel Larrain, de Talca, Chile; o Bispo Marcos Gregorio McGrath, do Panamá (Diocese de Santiago de Veraguas); o Bispo Leonidas Proaño, de Riobamba, Equador; e muitos outros.

O belo texto introdutório e os compromissos muito concretos listados pelos bispos são imediatamente impactantes, não só pelo seu radicalismo, mas pelo fogo espiritual que está presente e é comunicado. Essas palavras estão cheias de fervor, claramente demonstrando o que Gustavo Gutiérrez, o "pai" da Teologia da Libertação e da opção pelos pobres, nunca cansou de repetir: os pobres são o centro da vida cristã, e todos os cristãos, incluindo os bispos, precisam se converter a eles (cf. GUTIÉRREZ, 1975). No entanto, a opção preferencial pelos pobres, que dá identidade e rosto a esta teologia, não começa ou parte de uma simples análise crítica da realidade, mas de uma experiência mística, de um encontro com o Senhor crucificado no rosto do pobre.

Os pobres: o coração da nova teologia

A opção pelos pobres na Igreja latino-americana foi, então, concebida com dois sentidos principais:

1) Uma solidariedade concreta com os pobres, que move o indivíduo a assumir suas perspectivas, seus interesses, suas dores e seus desejos. Isso, por sua vez, implica um compromisso de toda a Igreja em abraçar a "pobreza material"[42] e denunciar estruturas injustas que produzem pobreza e opressão.

2) Uma determinação para criar condições que permitam aos pobres emergir como sujeitos eclesiais, como agentes evangelizadores de toda a Igreja, responsáveis pelas transformações necessárias para estabelecer a justiça e uma nova sociedade (cf. ANDRADE, 2015).

De fato, como foi afirmado, a Teologia da Libertação nunca é puramente uma teoria acadêmica, mas uma prática eclesial que visa ajudar a Igreja a desenvolver um objetivo mais claro do serviço aos pobres. Os teólogos da libertação queriam voltar às fontes, ao cerne do Evangelho, que nos diz (Mt 5; Lc 6,20): "felizes os pobres" (cf. GUTIÉRREZ, 1975; PIXLEY & BOFF, 1986). A conversão cristã sob essa perspectiva implica e inclui não só ajudar os pobres com esmolas caridosas, mas viver como eles; experimentar – mesmo de uma maneira limitada – o que eles enfrentam; e participar e simpatizar com seu sofrimento e condição. O objetivo é ajudar os pobres a serem artesãos de sua própria história e destino. Como afirma Gutiérrez: "Quando é vivido como uma autêntica imitação de Cristo, o testemunho da pobreza não nos aliena do mundo [...]. Somente através de atos concretos de amor e solidariedade podemos efetivamente nos encontrar com os pobres e os explorados, e,

---

42. Cf. CELAM. "Pobreza da Igreja", II: 5, como também o comentário de Trigo, 2005.

através deles, com Jesus Cristo. Doar-se a eles é dizer 'sim' a Cristo; recusá-los é rejeitar a Cristo" (GUTIÉRREZ, 1977: 14).

Muitas perguntas surgiram da tentativa da Igreja latino-americana de se aproximar dos pobres e pensar teologicamente esse *locus*. Formaram-se grupos que tentavam diferentes modelos de seguimento a Cristo através do seguimento aos pobres. Ainda assim, outros grupos, incluindo muitos católicos da classe média, rejeitaram a ideia de se tornar pobres como o único modo de viver a fé, e reclamaram que sua Igreja estava negligenciando-os. Clodovis Boff, um dos proeminentes teólogos da libertação, pensou uma tipologia que ajudou a abordar um entendimento do que significa compartilhar a vida do pobre, fazer a opção preferencial (apesar de não exclusiva) por eles, sem deixar de respeitar o estado de vida, trabalho e compromissos familiares do indivíduo. Clodovis Boff afirmou que todo cristão deve se comprometer à opção pelos pobres, pois é o único modo de verdadeiramente seguir a Jesus Cristo (cf. PIXLEY & BOFF, 1986). As circunstâncias da vida podem, e normalmente são, diversas. Contudo, esse mandato a todos os cristãos também tem diversas nuanças quando colocado em ação.

É possível optar pelos pobres com uma *conversão de interesses*. Uma pessoa pode ter uma posição respeitável entre seus colegas e o público, mas redirecionar seus talentos, capacidades e frutos para as necessidades dos pobres, para ajudá-los e capacitá-los, assegurando, deste modo, um impacto social, criando estruturas mais justas e uma sociedade mais justa.

Também é possível optar pelos pobres *trocando* a posição social do indivíduo com a deles. É o caso de vários cristãos, religiosos e leigos que trabalham para viver durante a semana, mas durante o fim de semana ajudam os pobres de seu bairro. Aqueles que ensinam em universidades podem passar as férias morando com os pobres, dando aulas, construindo casas, providenciando consultas médicas ou dentistas sem custos. Eles tomam parte, até certo ponto, das condições de vida daqueles que são pobres, por algumas horas, dias ou semanas.

Um terceiro modo de viver a opção pelos pobres é através da *encarnação*: isso significa cortar os laços com a vida anterior do indivíduo, incluindo o conforto, a privacidade, o tempo e o dinheiro, indo partilhar inteiramente da vida dos pobres. Já houve várias pessoas – leigos, religiosos e clérigos – que fizeram essa opção radical e continuam a fazê-lo[43]. Assim escreve Gustavo Gutiérrez, com fogo ardente e profético:

> O amor ao próximo é um componente essencial da vida cristã. Não obstante, enquanto eu aplicar o termo somente àqueles que cruzam meu caminho e me pedem ajuda, meu mundo permanecerá o mesmo. Esmolas individuais e reformismo social é um tipo de amor que nunca sai do próprio quintal [...]. Mas a existência dos pobres [...] não é neutra em nível político ou inocente de implicações éticas. Pessoas pobres são subprodutos do sistema em que vivemos e pelo qual somos responsáveis [...]. Por esta razão, a pobreza dos pobres não é uma convocação para aliviar seu apuro com atos de generosidade, mas uma obrigação comovedora para estabelecer uma ordem social diferente (GUTIÉRREZ, 1977).

É esta ordem social diferente que muitos cristãos e teólogos latino-americanos tentam construir. No entanto, não é somente um esforço sociológico, econômico ou político. No centro de todos esses esforços, que geraram várias testemunhas, profetas e mártires,

---

43. P. ex., Dorothy Day, Dorothy Stang, como também três religiosas (Maura Clarke, Ita Ford, Dorothy Kazel) e uma missionária leiga (Jean Donovan) assassinadas em El Salvador. Todos os escritos de Dorothy Day falam da radicalidade com que vivia essa opção. Cf., p. ex., sua autobiografia: *The Long Loneliness* (DAY, 1952; FOREST, 2011).

está Deus, o Deus de Jesus Cristo e dos cristãos, que é a causa e a motivação para todo esse movimento que surgiu na América Latina e se espalhou a outras partes do mundo[44].

Os pobres: vítimas da desumanização, amados por Deus

No contexto da Teologia da Libertação, como vimos anteriormente, "os pobres" é um termo que se refere aos oprimidos, às vítimas de uma estrutura de mundo que é injusta e que falha em corresponder à justiça desejada por Deus. A opção pelos pobres, portanto, não deve ser entendida como algo distinto da opção pelas vítimas de racismo, ou de discriminação de gênero, ou de marginalização cultural. A opção pelos pobres é, em última análise, a opção pela justiça. Os teólogos da libertação mais renomados enfatizaram a tremenda interpelação que a existência da pobreza, concebida deste modo, representa para a humanidade, situando esse problema no centro do pensamento teológico. Eles se esforçaram para descobrir as causas da pobreza e os meios para combatê-la. Eles promoveram a criação de Comunidades Eclesiais de Base que, por meio da leitura da Bíblia, ajudaram os pobres a ver sua situação mais nitidamente e a tomar as decisões necessárias para transformá-la. Ademais, eles lutaram não tanto contra o ateísmo, mas contra a idolatria como o principal inimigo da fé. Essa idolatria diviniza o consumismo, a riqueza, o poder – em suma, tudo em que a sociedade capitalista moderna se baseia (cf. SOBRINO, 1980).

A teologia de Leonardo Boff, por exemplo, propõe uma ruptura radical com a lógica do sistema capitalista, uma vez que almeja libertar os pobres e oprimidos[45]. A teologia de Jon Sobrino

---

44. A Teologia da Libertação também se tornou conhecida e respeitada nos Estados Unidos e na Europa. Muitos de seus textos principais foram traduzidos para várias línguas, como italiano, francês, inglês e alemão.

45. Boff defende essa tese em vários de seus livros; cf. L. Boff, 1976, 1977.

identifica o pobre com a vítima, proclamando a necessidade de uma santidade política que assuma os riscos de uma encarnação na vida do pobre para poder lutar por sua libertação[46]. Seguindo de perto a vida e a memória de Oscar Romero, o arcebispo de San Salvador assassinado durante a celebração da Eucaristia em 1980, Sobrino argumenta que a "santidade política é uma necessidade histórica hoje para os pobres receberem a Boa-nova e para que a história se mova em direção à vinda do Reino de Deus". Também é necessário para que a Igreja volte ao Evangelho e mostre ao mundo uma face mais verossímil, que só é possível com um amor radical e efetivo pelos pobres (cf. SOBRINO, 2010). Portanto, a opção pelos pobres não é somente direcionada ao nível pessoal (conversão, perfeição da vida cristã), mas também a metas políticas e estruturais que dizem respeito à sociedade e à Igreja.

Desde o início, a Teologia da Libertação se entendeu como portadora de uma palavra qualificada que agregava outras na história, podendo contribuir para a libertação dos pobres e oprimidos de todos os tipos. No entanto, sempre manteve muito claro que não há verdadeira libertação se os próprios pobres não clamarem livremente e não se expressarem direta e criativamente na sociedade e na história.

Os teólogos da libertação acreditam que a atitude que liberta os pobres de sua pobreza e os que sofrem de sua aflição é aquela que é criativa por e pela sua humildade. Somente através da renúncia ao orgulho e ao poder é possível aprender a ir além da mera doação de bens materiais para satisfazer as necessidades imediatas. A Teologia da Libertação – traduzida em atitude e ação – busca dar aos que sofrem injustiça a possibilidade de recuperar a sua dignidade, de assumir por inteiro a missão de transformar a sua história e o seu destino.

---

46. Cf., p. ex., as obras mais conhecidas de Sobrino, 1982, 1983, 1985, 2001.

De fato, o serviço cuidadoso e amoroso aos pobres é a fonte e cerne do Evangelho de Jesus Cristo, que diz: "felizes os pobres" (Mt 5; Lc 6,20). De acordo com Mateus, o único princípio da salvação não se baseia em rituais, normas morais, obediência aos mandamentos ou profissão de fórmulas dogmáticas, mas na prática de dar o pão aos que têm fome, água aos que têm sede e roupa aos que estão nus.

A pobreza do próximo – que a Bíblia especifica nas categorias dos pobres, viúvas, órfãos e estrangeiros – tem que ser, mandatoriamente, a preocupação principal de cada discípulo de Jesus Cristo. Como observa Nicolai Berdyaev, o pensador cristão e imigrante russo: "Quando tenho fome, é um problema físico. Quando meu próximo tem fome, é um problema espiritual".

Idealizar a pobreza não é o objetivo dos cristãos, mas sim enfrentá-la como é – um mal –, protestar contra isso e lutar para aboli-la. Os pobres não são figuras sentimentalizadas ou idealizadas; são aqueles marginalizados pela sociedade, oprimidos em todos os sentidos, explorados e proibidos de viver plenamente devido a essa opressão. Deus se identifica com esses homens e mulheres na pessoa de seu Filho encarnado, que assumiu a nossa carne vulnerável e se submeteu a todas as situações negativas que os seres humanos enfrentam. Ao servir os pobres, cristãos e não cristãos estão servindo ao Senhor, sacramentalmente presente neles: "Em verdade vos digo, cada vez que fizestes a um desses meus irmãos mais pequeninos, a mim o fizestes" (Mt 25,40). Apesar de amar a todas as criaturas igualmente, sem nenhuma exceção a nenhum ser humano, Deus, Pai de Jesus, se identifica de modo especial com os pobres. Isso significa que Deus está com aqueles que sofrem qualquer tipo de pobreza ou injustiça, vivendo com eles, sofrendo com eles, se tornando visível através deles. Isso os torna – homens e mulheres que sofrem discriminação, opressão ou violência – sacramento de Deus na história e na sociedade, não incluindo somente aqueles que são econômica ou materialmente pobres, mas também aqueles que simplesmente são "pobres em espírito". O conceito bíblico "pobres" se refere aos oprimidos, às vítimas de uma organização de mundo que falha em corresponder à justiça desejada por Deus. A opção pelos pobres, portanto, não pode ser entendida como algo diferente da opção por *todas* as vítimas de opressão ou exclusão em um mundo injusto.

Neste comprometimento, cristãos podem trabalhar com irmãos e irmãs de outras tradições religiosas ou até mesmo não crentes. Todos estarão praticando *caritas* quando praticam as obras de justiça e misericórdia. Tais obras são uma parte integral do Reino de Deus; sempre que realizadas, proclamam a glória de Deus, e o Reino cresce.

Os pobres: uma questão teocêntrica e teológica

Se existe um ponto em que todas as correntes e tendências da Teologia da Libertação estão de acordo é que a opção pelos pobres é teocêntrica. Para a Teologia da Libertação, em outras palavras, a razão por se optar pelos pobres simplesmente é Deus, não uma ideologia, uma teoria, ou um resultado de análise social (GUTIÉRREZ, 1992). Ao afirmar categoricamente e de acordo com a Bíblia a revelação e o amor universal de Deus, a Teologia da Libertação alega que Deus é revelado com um radicalismo especial no campo da justiça. Deus se posiciona com a justiça, assumindo completamente a causa daqueles que são injustiçados. Aqueles que creem nesse Deus, o Deus da Revelação, o Deus da Bíblia, o Deus de Jesus Cristo, têm somente o caminho da opção pelos pobres para seguir (cf. MUÑOZ, 1989). Junto à universalidade de Deus, a revelação cristã anuncia também a parcialidade do mesmo Deus.

Nas escrituras judaica e cristã é nítido que não há experiência de Deus se ao mesmo tempo não houver justiça aos seres humanos, principalmente àqueles que são oprimidos ou proibidos de viver plena e profundamente. A injustiça e a idolatria, portanto, andam de mãos dadas. Pela mesma lógica, fé e justiça vão de mãos dadas. Quando as pessoas falham em se relacionar corretamente com Deus, também falham em corretamente se relacionar com o próximo, e vice-versa.

Durante os dias de Moisés, Deus estabeleceu algumas orientações sob a Lei para ajudar os pobres. Ex 22 e 23 contêm instruções para o povo de Israel ajudar estrangeiros, viúvas, órfãos e pobres. Deus protege sua propriedade, adverte contra o favoritismo e estabelece um sistema de colheita para prevenir a fome e a desnutrição (Ex 23,10-12). Ele é o *go'el* – o auxiliador, o porta-voz, o defensor, aquele que fala em nome daqueles que não podem fazê-lo.

Em Lv 25,8-43, Deus institui o Ano do Jubileu, a ser praticado a cada quinze anos. Deus diz ao povo de Israel:

> Ninguém dentre vós oprima seu compatriota [...]. Se o teu irmão que vive contigo achar-se em dificuldade e não tiver com que te pagar, tu o sustentarás como a um estrangeiro ou hóspede e ele viverá contigo. Não tomarás dele nem juros nem usuras, mas terás o temor do teu Deus, e que o teu irmão viva contigo [...]. Se o teu irmão se tornar pobre, estando contigo, e vender-se a ti, não lhe imporás trabalho de escravo; será para ti como um assalariado ou hóspede e trabalhará contigo até o Ano do Jubileu (Lv 25,17.35-36.39-40).

Em Dt 15 vemos a intenção de Deus de que as dívidas do povo sejam canceladas a cada sete anos. Isso foi propriamente chamado de Ano de Cancelar Dívidas.

O grande amor de Deus pelos pobres é uma parte tão importante da identidade divina que se reflete em seus diversos nomes:

- Defensor dos órfãos e viúvas (Dt 10,18; Sl 10,16-18; 40,17; 68,5; Jr 22,16).
- Protetor dos pobres (Sl 12,5).
- Libertador dos pobres (1Sm 2; Sl 35,10; 72,4; Is 19,20; Jr 20,13).
- Provedor dos pobres (Sl 68,10; 146,7; Is 41,17).
- Salvador dos pobres (Sl 34,6; 109,31).
- Refúgio dos pobres (Sl 14,6; Is 25,4).

Para os que abençoam os pobres, Deus promete bênçãos em troca (Sl 41,1-3; 112; Pr 14,21.31; 19,17; 22,9; 28,27; Is 58,6-10). Deus também promete julgar aqueles que oprimem os pobres (Dt 27,19; Pr 17,5; 21,13; 22,16; 28,17; Is 10,1-4; Ez 16,49; 18,12-13).

Jesus não é menos radical em seus ensinamentos sobre a riqueza e a pobreza, oferecendo diversas admoestações contra o acúmulo de bens. "Não ajunteis para vós tesouros na terra onde a traça e o caruncho os corroem e onde os ladrões arrombam e roubam, mas ajuntai para vós tesouros no céu, onde nem a traça, nem o caruncho corroem e onde os ladrões não arrombam nem roubam; pois onde está o teu tesouro aí estará também teu coração" (Mt 6,19-21). Um coração livre é um coração desvinculado dos bens terrestres; mas, em contrapartida, se fundamenta no amor de Deus, na compaixão e na solidariedade com o próximo.

Além disso, as recomendações de Jesus a seus discípulos pressupõem um modo de viver baseado na simplicidade e no desapego com as coisas materiais. A graciosidade da criação reflete a graciosidade de Deus, que dá graça à vida e convida todas as criaturas a buscar a vida em abundância.

> Por isso vos digo: não vos preocupeis com a vossa vida, com o que haveis de comer, nem com o vosso corpo quanto ao que haveis de vestir. Não é a vida mais do que o alimento e o corpo mais do que

a roupa? Olhai as aves do céu: não semeiam, nem colhem, nem ajuntam em celeiros. E, no entanto, vosso Pai celeste as alimenta. Ora, não valeis vós mais do que elas? Quem dentre vós, com as suas preocupações, pode acrescentar um só côvado à duração da sua vida? E com a roupa, por que andais preocupados? Observai os lírios do campo, como crescem, e não trabalham e nem fiam. E, no entanto, eu vos asseguro que nem Salomão, em toda sua glória, se vestiu como um deles. Ora, se Deus veste assim a erva do campo, que existe hoje e amanhã será lançada ao forno, não fará Ele muito mais por vós, homens fracos na fé? Por isso, não andeis preocupados, dizendo: Que iremos comer? Ou, que iremos beber? Ou, que iremos vestir? De fato, são os gentios que estão à procura de tudo isso: vosso Pai celeste sabe que tendes necessidade de todas essas coisas. Buscai, em primeiro lugar, seu Reino e sua justiça, e todas essas coisas vos serão acrescentadas. Não vos preocupeis, portanto, com o dia de amanhã, pois o dia de amanhã se preocupará consigo mesmo. A cada dia basta o seu mal.

Aqui está a raiz da afirmação do Evangelho: "felizes os pobres" (Mt 5,1). Eles são felizes porque sabem não só de sua dependência de Deus, mas de sua interdependência entre si. Os pobres estão prontos e bem preparados para a confiança total em Deus e, ao mesmo tempo, para a maior solidariedade com o próximo. Os pobres têm sua confiança nas pessoas, e não nas coisas. Eles sabem que conseguem sobreviver somente se confiarem e colaborarem uns com os outros, se ajudando em qualquer momento e em qualquer situação. Eles não colocam sua confiança na competição, mas na cooperação. Finalmente, os pobres ouvem o Evangelho como Boa-nova, e não como algo ameaçador e julgador. Eles respondem ao chamado de Deus com todo o coração, pois têm pouco a perder e estão dispostos a tudo.

Por estarem no cerne da mensagem do Evangelho, os pobres estão no centro da doutrina social cristã desde a época dos Padres da Igreja até hoje. Na metade do século XX o Papa João XXIII, no Concílio Vaticano II, definiu a Igreja como a Igreja dos pobres. Agora o Papa Francisco coloca esse tema no cerne de seu pontificado. Esse é o percurso que a teologia latino-americana traçou e no qual perseverou, durante cinco décadas, seguindo o Vaticano II.

O que se destacou na Teologia da Libertação não foi o trabalho de padres e acadêmicos altamente qualificados, mas a organização social, ou reorganização, da prática da Igreja através do modelo cristão de Comunidades Eclesiais de Base. Essas pequenas comunidades normalmente se reuniam próximas a igrejas e paróquias. Elas eram formadas por pessoas simples, onde a Bíblia era discutida e se podia fazer celebração. Assim, tornaram-se modelo de como os pobres podem encontrar um caminho para sua libertação. As comunidades foram especialmente ativas nas partes rurais da América Latina, onde párocos não estavam sempre disponíveis. Até a década de 1980 estimava-se haver cerca de oitenta mil Comunidades Eclesiais de Base operando apenas no Brasil. Hoje, esse número diminuiu radicalmente, mas nas partes mais pobres e isoladas do continente essas comunidades continuam bastante ativas.

Consideradas como um "novo modo de ser Igreja", uma alternativa à paróquia tradicional, essas comunidades foram e são formadas por pessoas pobres e agentes pastorais que se identificam com elas e que desejam compartilhar suas vidas. Isso mostra como a Teologia da Libertação, apesar da codificação doutrinal por Gutiérrez, Boff e outros, tentou, na prática, ser um movimento de baixo para cima, com a intepretação bíblica e a prática litúrgica formuladas pelos próprios leigos praticantes. Os círculos bíblicos, embriões das Comunidades Eclesiais de Base, confrontavam os fatos com a Palavra de Deus para disso extrair um jeito de transformar a realidade injusta.

Além disso, com sua ênfase na opção preferencial pelos pobres, a prática foi e é tão importante quanto a crença, senão mais; o movimento foi visto como enfatizador da ortopráxis, ao invés da ortodoxia. Mais uma vez, nada de novo nisso que a Teologia da Libertação criou. Pelo contrário, é a tradução prática do princípio bíblico de que a fé opera pela caridade, ou, como a carta de Tiago afirma: "Se alguém disser que tem fé, mas não tem obras, que lhe aproveitará isso? [...] Como o corpo sem o sopro da vida é morto, assim também é morta a fé sem as obras" (Tg 2,14.26). Escutar a Palavra de Deus só pode levar o indivíduo a praticar a vontade de Deus. Isso é o que as Comunidades Eclesiais de Base e os teólogos da libertação que as acompanhavam tentavam fazer.

Conclusão

Todo esse movimento da Igreja ao encontro dos marginalizados começou a gerar mudanças no próprio estilo de vida eclesial. É impossível optar pelos pobres a distância. Deus modela o caminho dos pobres, como também o método, o modo de servi-los e de se colocar junto a eles em uma kênose de autoesvaziamento, tomando carne humana. De maneira similar, a opção pelos pobres é uma espiritualidade encarnada que exige um êxodo de nossos próprios hábitos, confortos, possessões e tempo.

A Teologia da Libertação, ao colocar o serviço aos pobres no centro da vida e ação da Igreja, não fez apenas uma escolha sociológica e política. Isso foi uma escolha teológica, sustentada por toda a história da Igreja. Os teólogos da libertação afirmam que é necessária a opção preferencial pelos pobres, pois foi o que Deus fez. Deus se revelou como o Deus dos pobres, que se aproxima do clamor de seu povo em aflição; que se direciona aos pobres, viúvas, órfãos e estrangeiros; que abandona os privilégios divinos para assumir nossa carne vulnerável e mortal, obediente até a morte na cruz. A opção pelos pobres não é motivada pelo desejo de criar um partido político ou estruturas políticas – mesmo que essas mediações possam parecer úteis e razoáveis –, mas pela vontade de Deus para avançar o seu Reino. Os frutos desta opção serão vistos nas mudanças estruturais e na transformação da realidade para refletir melhor o coração de Deus. E será visto quando os pobres assumirem o poder de tomar sua libertação em suas próprias mãos. Nesse dia, os teólogos da libertação poderão exclamar em louvor e gratidão, assim como Jesus de Nazaré em seu tempo: "Eu te louvo, ó Pai, Senhor do céu e da terra, porque ocultaste estas coisas aos sábios e doutores e as revelaste aos pequeninos" (Mt 11,25).

3
Gênero e direitos humanos na América Latina[47]

Inicialmente, os ventos de mudança para a emancipação das mulheres no Ocidente cristão, e na América Latina em particular, não sopraram dentro das igrejas. Vieram de um processo de secularização através de lutas concretas e mundanas (o direito de votar, salários, horas de trabalho, sexualidade e direitos do corpo). Por meio dessas lutas, as mulheres começaram a se liberar do espaço doméstico privado, onde haviam sido confinadas, e a passar para o espaço público, como agentes políticas e econômicas nas estruturas sociais de mudança e na produção econômica e cultural.

A voz das mulheres, ouvida nas comunidades cristãs latino-americanas, remonta há apenas cinco décadas. Após o grande evento do Concílio Vaticano II, a voz feminina começou a ser ouvida cada vez mais, ocupando efetivamente espaços dentro da Igreja. Mulheres coordenavam comunidades em diferentes níveis, questionavam a negação do acesso feminino ao ministério sacerdotal e produziam reflexões teóricas sobre a experiência religiosa e os conteúdos doutrinais da fé cristã. O fato é que hoje é impossível fazer teologia em nosso continente sem levar em consideração a contribuição feminina.

---

47. Este capítulo foi originalmente publicado com o título "Theology, Women, and Rights of the Poor (A Reading of the Latin-american Itinerary)"; cf. Bingemer, 2014. Pequenas alterações editoriais foram feitas para este livro.

Este capítulo cobre os principais passos desse itinerário, demonstrando que todo passo de crescimento teológico foi, ao mesmo tempo, uma luta feminista e uma luta por mais direitos humanos. Primeiro, veremos como a teologia construída pelas mulheres na América Latina foi, em sua fase inicial, muito próxima à Teologia da Libertação, conectada à questão dos pobres e à sua luta em assumir seu devido lugar como agentes da história. Segundo, mostrarei como, em uma segunda fase, as teólogas em nosso continente começaram a trabalhar relendo a teologia cristã de forma mais ampla, não só a partir de sua experiência feminina, mas reivindicando, através de seu direito de ser diferente, a autoridade para pronunciar uma palavra teológica distinta. Terceiro, demonstro como os avanços na teologia feminista e na reflexão de gênero alteraram a direção da teologia latino-americana. Quarto, também mostro como as questões do feminismo e do direito das mulheres na teologia feminista estão entrelaçadas com a questão da Terra e da ecologia, gerando consequentemente uma corrente teológica importante, chamada ecofeminismo. Finalmente, reflito sobre o empoderamento das mulheres, que implica vários temas delicados, mas inevitáveis, como a vida corporificada, os direitos reprodutivos e a questão do ministério da ordem.

Os pobres como berço de trabalho teológico para a Teologia da Libertação e para a Teologia Feminista

A teologia produzida por mulheres na América Latina originou-se em 1968, quando a conferência dos bispos latino-americanos se reuniu em Medellín para avaliar a recepção do Vaticano II no continente. A chave para esta conferência foi a inseparabilidade entre o anúncio do Evangelho e a luta pela justiça. Os três passos de Medellín foram: 1) a conexão entre a evangelização e a luta contra a opressão e a injustiça; 2) a conexão entre teologia e análise crítica da realidade socioeconômica e política; 3) a formação e o fortalecimento das Comunidades Eclesiais de Base inspiradas pela leitura da Bíblia para transformar as condições sociais injustas. Esses passos abriram caminhos para a reflexão teológica achar, no pobre e marginalizado do continente, um novo sujeito como ponto de partida.

Assim, durante a década de 1970, as mulheres latino-americanas começaram a explorar a teologia nas suas igrejas a partir do ponto de vista de sua forte interdependência com os pobres e de sua opção preferencial por eles. Elas se inspiravam em suas irmãs do Norte, que estavam abrindo discussões sobre as possibilidades de pensar e falar "além de Deus Pai" e do patriarcalismo dominante na teologia (cf. DALY, 1973). As teólogas latino-americanas viram, como um belo e forte desafio a possibilidade de inaugurar uma teologia da qual elas poderiam participar como produtoras e não somente consumidoras. Contudo, a teologia latino-americana feita pelas mulheres não é idêntica à teologia feminista feita no Hemisfério Norte. Sempre foi inseparável da opção preferencial pelos pobres (cf. SUAIDEN, 2003).

As mulheres que, naqueles anos, começaram a cursar Teologia e empreender a aventura de criar sua própria reflexão sobre o mistério de Deus e sua revelação não eram movidas somente por seus desejos pessoais. Essas pioneiras eram motivadas a tentar o impossível, a se aventurarem em um mundo que havia sido dominado por homens e, de modo geral, pelo clero celibatário. Era esse o mundo em que o pensamento e a presença feminina tinham uma entrada somente indireta. Era esse o mundo em que as "loucas" daquele primeiro momento começaram a articular suas reflexões, atrevendo-se a dar os primeiros passos teológicos[48].

---

48. Com o termo *locas* remeto às Mães da Plaza de Mayo, de Buenos Aires, que eram comumente desprezadas pela ditadura como "las locas".

No entanto, havia também o desafio da realidade. Mulheres com a intenção de fazer teologia, nesse momento inicial, tinham seus olhos voltados para a realidade dos pobres, e percebiam que a teologia deveria ser feita em diálogo próximo com as ciências sociais. Também reconheciam uma realidade que mais tarde foi chamada de feminização da pobreza[49]. Uma pessoa pobre, sendo também mulher, é duplamente pobre, devido à condição feminina que se agrega à sua condição marginalizada, fazendo sua vida ainda mais complexa e difícil. Portanto, uma nova solidariedade surgiu na América Latina, ligando as teólogas às mulheres pobres das comunidades de base.

Partindo de seus desejos e sonhos, o *status* das teólogas começou a se concretizar. Além de sua presença no ministério das bases, as mulheres gradativamente desenvolveram espaço para seu trabalho em universidades e institutos de teologia, obtendo diplomas acadêmicos que as habilitavam a ter voz igual à de seus colegas homens. Isso representava toda uma jornada, uma busca por reconhecimento, presença e visibilidade em espaços que eram predominantemente masculinos. Era uma tentativa de alcançar cidadania e legitimação através de um jeito diferente e alternativo de se fazer teologia – um jeito em que corações, mentes e corpos se uniam em uma dança fértil e harmônica, resultando em uma reflexão arejada sobre a fé.

Durante os anos de 1990, as teólogas latino-americanas sentiram o impacto da queda das utopias e a crise da Teologia da Libertação, seu berço. Questões socioeconômicas e políticas dominaram suas agendas. Assim como todos os intelectuais naquele momento histórico, elas tiveram de confrontar a realidade e buscar novas direções em seu método de fazer teologia. Assim o fizeram.

---

49. A introdução a este conceito é dada pela pensadora norte-americana Diane Pearce em seu artigo publicado em 1978. Para ela, a feminização da pobreza é um processo que se desenvolve quando mulheres, sem o apoio do marido ou do parceiro, assumem a responsabilidade pelo cuidado e bem-estar de seus filhos.

Fiéis a sua intuição inicial – de que fé e justiça caminham juntas e são inseparáveis –, as teólogas foram perspicazes o suficiente para perceber que os tempos estavam mudando. O contexto daquele momento mostrou a necessidade de prestar atenção a outros campos de aprendizagem e às ciências, como a antropologia, a filosofia e as ciências naturais, para poder achar parceiros apropriados à sua reflexão sobre a revelação e a fé.

Repensando conceitos teológicos a partir da perspectiva feminina

O resultado deste processo foi o desejo de repensar o escopo geral dos principais temas teológicos a partir da perspectiva feminina. Ivone Gebara, naquilo que ela identificou como segunda etapa na trajetória da teologia feminista latino-americana, chamou essa etapa de "feminização dos conceitos teológicos" (GEBARA, 1993). Apesar de haver uma presença crescente das mulheres nos espaços de reflexão acadêmica, os conceitos teológicos permaneciam patriarcais. As mulheres buscavam uma teologia com cara, alma e configuração feminina; isto é, uma perspectiva feminina da teologia capaz de ressaltar a importância de redescobrir as dimensões femininas de Deus. Aqui começou uma etapa de publicações mais fecunda e sólida, com teólogas tentando revisitar e repensar os grandes tratados teológico-dogmáticos e a própria Bíblia, sempre partindo da experiência e do sentimento femininos[50].

As teólogas latino-americanas reconheceram o quanto deviam a suas irmãs do Norte. No entanto, também identificaram uma distinção importante. Não eram motivadas principalmente pela luta por igualdade e contra o sexismo. Ao invés disso, lutavam

---

50. Há inúmeras publicações relevantes para citá-las; para uma bibliografia extensa, cf. Aquino, 1996. Cf. tb. o trabalho extraordinário de Elsa Tamez (1989), que não só pensou a Bíblia de uma nova forma, mas também organizou várias publicações para difundir as obras de companheiras teólogas latino-americanas.

para construir um discurso inclusivo enraizado na experiência e na perspectiva distinta das mulheres. Nessa etapa do processo houve uma tendência a evitar palavras como *feminismo* e *feminista*. A preferência foi dada a expressões como *teologia a partir da perspectiva das mulheres* ou *teologia feita por mulheres* ou *teologia das mulheres* (cf. TAMEZ, 1989).

Muitas teses de doutorado e dissertações acadêmicas foram produzidas nessas linhas. Na área da teologia sistemática, muitos trabalhos refletiam a relação de Jesus com as mulheres, a face maternal de Deus ou até um modelo de Igreja inclusivo e participativo no qual as mulheres seriam vistas como agentes, produtoras de bens símbolos, e não só como consumidoras passivas (cf. TEPEDINO, 1990; BINGEMER, 1986; BRUNELLI, 1988).

Esse modo de fazer teologia continua. Não é isolado do trabalho teológico de mulheres no mundo inteiro. Ele encontra suas afinidades conceituais com algumas teólogas europeias da mesma geração, tomando como referência conceitos fundamentais de reciprocidade, de relacionalidade e de não dualismo, sempre procurando diálogo com teólogos e com a comunidade teológica como um todo[51].

As afirmações deste tipo de teologia já não se alinhavam com o feminismo inicial, cuja luta principal era pela igualdade. As mulheres latino-americanas buscavam um outro direito: o de ser diferente. Até no diálogo com o trabalho de outras mulheres em outras áreas do conhecimento[52], as teólogas enfatizavam sua identidade de mulher como "outra", diferente da identidade dos homens. As mulheres que alegavam essa identidade, mesmo no modo de sentir e pensar sobre Deus, produziram uma teologia que difere da teologia feminista construída sobre o paradigma da igualdade.

---

51. Eu identifico entre as teólogas europeias os nomes de Giulia Paola di Nicola, Georgette Blaquière e Kari Elisabeth Borresen.

52. Penso, p. ex., em R. Darcy de Oliveira, 1991.

Outra corrente das teólogas latino-americanas esperava dar um passo além do discurso da diferença e reciprocidade. Elas sentiam a necessidade de uma crítica mais fundamental e de uma mudança radical no conceito de Deus e na sua relação com a identidade da mulher. Essas teólogas tomaram a posição de que enfatizar as diferenças femininas reforça os estereótipos das mulheres como maternais, sensíveis, fracas e frágeis.

Dentro desse movimento, nas discussões sobre o tema da identidade feminina, havia duas direções possíveis: a primeira insistia na afirmação da diferença, e a segunda buscava resistir à idealização ou à essencialização dessas diferenças, compreendendo-as como parte de uma cultura e história particulares em que continuavam a operar, e em que eram mantidas. Os debates sobre essas questões contribuíram para a próxima etapa na teologia das mulheres latino-americanas.

Levando a perspectiva de gênero a sério

A teologia feminista latino-americana, na segunda metade dos anos 1990, enfrentou grandes desafios que a forçaram a rever algumas de suas pressuposições. Uma dessas veio da necessidade de ser uma espécie de "tapa-buraco" da teologia feminista no resto do mundo, como também da reflexão feminista latino-americana desenvolvida em outras áreas do conhecimento (cf. FREITAS, 2003).

Nessa etapa, as teólogas foram desafiadas a repensar os temas da identidade feminina, antropologia, cosmologia e teologia, que historicamente haviam sido dominados pelo discurso patriarcal. A teologia feminista surgiu como uma mudança radical do modo como refletimos os dados da revelação e os textos das Escrituras, mas também o modo como pensamos o mundo e suas relações entre pessoas, natureza e divindade.

Ficou claro para as novas gerações de teólogas que não era possível construir uma teologia reciclada dos remendos velhos sem desencadear o nascimento de algo verdadeiramente novo. Na teologia feminista (agora que não tememos mais o nome), a intenção é a de trazer à frente questões fundamentais que desafiam a própria estrutura do pensamento teológico como foi desenvolvido até o presente. Isso não foi uma teologia a partir do ponto de vista ou perspectiva da mulher, apresentada como um adendo ou uma subdivisão separada da teologia oficial, definida por teólogos, mas um desafio substancial a toda a teologia dominante[53]. Portanto, as teólogas latino-americanas introduziram novos métodos de abordar a Bíblia, a revelação e o dogma.

Conforme a Teologia da Libertação alargava seu horizonte de interesse para incluir outras questões que não eram estritamente socioeconômicas e políticas, mas de ecologia, relativas à crise da Modernidade, a gênero, raça e etnia, também a teologia feminista latino-americana percebeu, através da perspectiva de gênero, um ângulo mais apropriado a partir do qual podia construir sua reflexão e seu discurso. O compromisso de incluir aqueles que se encontram às margens da sociedade não se perdeu. Mas o problema era, talvez mais do que nunca, desafiar a teologia convencional. "Os pobres", como objeto de reflexão e investigação – que tinham sido o sujeito teológico essencial na teologia latino-americana dos anos de 1970 e de 1980 –, agora eram identificados com aqueles excluídos dos benefícios do progresso e bem-estar social. Esses excluídos agora passaram a ter faces mais diversificadas do que antes e formam uma imagem maior e mais complexa que desafia a teologia em várias direções. Ivone Gebara, voz importante nessa nova fase, afirma: "A Teologia da Libertação, oferecendo uma visão coletiva de Deus e enfatizando a natureza social do pecado, não mudou a antropologia patriarcal e a cosmologia sobre a qual o cristianismo se baseia" (GEBARA, 1994).

---

53. Cf. Gebara (2003) e o texto de Silvia Regina de Lima Silva "Teologia feminista latino-americana" [Disponível em http://ejesus.com.br].

O que se tornou necessário foi um salto qualitativo para alcançar a libertação de metade da humanidade. Gebara definiu o salto na teologia feminista: "Falar sobre Deus e questões de gênero é fazer uma afirmação dupla: primeiro é dizer que o que falamos sobre Deus está conectado com nossa experiência histórica, nossa experiência de vida. Logo, nossa ideia de Deus, e nossa relação com Ele/Ela ou seu mistério, é marcada pelo que denominamos [...] a construção social e cultural de gênero" (GEBARA, 2000: 218).

É assim que outras lutas feministas – aquelas presentes nas teologias do Primeiro Mundo, na América Latina e nas ciências sociais e humanas – se tornaram interessantes para as teólogas (cf. AQUINO & ROSADO-NUNES, 2007). Assim também tópicos como a corporeidade, a sexualidade e a moralidade, incluindo todos aqueles temas quentes e sensíveis sobre direitos reprodutivos e tudo o que diz respeito à moralidade cristã (o mistério do corpo humano, suas funções, sua vocação e o mistério criado por Deus). Tudo isso se tornou parte da agenda da teologia feminista latino-americana. Nesse campo, devemos reconhecer que as teólogas protestantes, cujas igrejas têm estruturas bem diferentes, deram passos mais largos do que suas irmãs católicas (cf. DEIFELT, 1999; STROHER et al., 2004; ANDRADE, 2007)[54].

Foi assim também que a teologia ecofeminista surgiu e se desenvolveu em nível continental[55]. No entanto, a abertura e a atenção a esse novo campo interdisciplinar da reflexão capacitaram a teologia latino-americana a dialogar com todas as áreas dos estudos ambientais: filosofia, ciências sociais, direito ambiental e assim

---

54. Cf. tb. as edições da *Revista de Estudos Feministas* da Universidade de Santa Catarina.
55. O *ecofeminismo* reflete a síntese do ambientalismo (ou ecologia) e do feminismo. É a teoria que busca acabar com todas as formas de opressão. Ela relaciona e conecta a dominação de raça, gênero e classe social à dominação da natureza, do "outro" (as mulheres, as crianças, os idosos, os indígenas). Isso será discutido mais a fundo no próximo capítulo.

por diante. Toda a área da ecologia promete grande crescimento para o futuro. Qualquer reflexão sobre a ecologia em relação com os direitos da Terra e da natureza está conectada com a reflexão sobre os direitos das mulheres. Já que o ecofeminismo almeja o fim de todas as formas de dominação, a teologia não pode evitar seus debates concomitantes – nem a teologia feminista, que está se tornando a chave para a libertação das mulheres de todas as formas de opressão (cf. RUETHER, 1994, 2000[56]).

Mulheres e os direitos do corpo[57]

As reflexões teológicas sobre o corpo sexualizado da mulher e as questões de gênero sempre foram temas importantes no trabalho teológico na América Latina. Em um universo em que o corpo é tão visível e principalmente masculino, as mulheres entram como um fator problemático. É isso – seu corpo ser um "outro", diferente do corpo masculino – que expressa e marca a experiência de Deus, o pensar e falar de Deus, de uma maneira diferente e distintiva. O corpo feminino se torna um ponto de entrada importante para a reflexão da mulher sobre espiritualidade, misticismo e teologia – apesar do fato de que esse corpo foi, em várias ocasiões, uma fonte de discriminação e sofrimento.

A discriminação contra as mulheres na Igreja se relaciona a questões mais profundas do que simplesmente o poder físico, a formação intelectual e a habilidade de trabalhar. A Igreja ainda é formada por uma forte identidade patriarcal. Por trás dessa identidade patriarcal subjaz a crença na superioridade masculina, refletida não só na parcialidade intelectual, mas também no que podemos

---

[56]. Essas obras tiveram influência marcante sobre as teólogas feministas latino-americanas.

[57]. Uma parte substancial desta seção foi apresentada na World Catholicism Week, Center for World Catholicism and Intercultural Theology, Universidade de DePaul, Chicago, em abril de 2010.

denominar de parcialidade ontológica. A teologia feminista tenta superar essa discriminação através de seu discurso.

Essa discriminação está fortemente associada – no campo da teologia – ao fato de que a mulher é considerada responsável pela entrada do pecado no mundo e, consequentemente, pela entrada da morte. Apesar de João Paulo II, em sua Encíclica *Mulieris Dignatem*, oficialmente denunciar essa teologia, os efeitos continuam. Isso também explica por que as experiências místicas de mulheres são vistas com suspeita e falta de confiança. Muitas experiências místicas e ricas de mulheres, tocadas pela graça de Deus com mensagens muito íntimas, permanecem ignoradas ou nas mãos de poucos. Exemplos como Teresa d'Ávila são exceções que confirmam a regra.

Na história da Igreja, as mulheres foram mantidas a uma distância prudente do sagrado e de tudo à sua volta, como a liturgia e os objetos rituais, e longe da mediação direta com Deus. Enquanto tudo isso exigia um corpo "puro", havia uma dúvida considerável de que as mulheres pudessem aspirar a tal pureza. Apesar de todo o progresso alcançado, incluindo a participação das mulheres em diversos níveis da vida eclesial, um estigma vinculado à mulher como uma fonte sedutora para o medo e para o pecado, além de uma ameaça à castidade masculina e ao celibato clerical, ainda continua.

Esse fato terrível exige uma reflexão séria dentro da Igreja. Se é possível lutar contra a discriminação intelectual e injustiça profissional, o que podemos fazer com nossos corpos femininos? As mulheres deveriam ser obrigadas a negar ou ignorar seus corpos, nossos próprios corpos especiais criados por Deus, para podermos entrar em uma comunicação profunda com o Criador e ocupar nosso espaço próprio na Igreja? Essas perguntas exigem atenção teológica.

Voltando-se para essas preocupações, a teologia entra em diálogo com um campo mais amplo dos estudos de gênero. O pensamento feminista, durante muito tempo, coloca questões conectadas ao corpo da mulher não só na área da violência contra as mulheres, mas também em relação com as questões sobre os direitos reprodutivos e a autonomia do corpo (cf. MANANZAN, 1996; HOGAN & OROBATOR, 2014). De fato, é um campo muito difícil e delicado, mas um dos mais importantes. A teologia feminista cada vez mais é desafiada a agir decididamente, em especial no campo da teologia moral, com as contribuições de mulheres teólogas moralistas abrindo um novo caminho (cf. MILLEN, 2004, 2005; PINTO, 2002, 2005; FALCON, 2008). Contudo, é preciso dizer que esse campo ainda tem muito a percorrer, avançando com fiel criatividade e, acima de tudo, ousadia.

Teologia feminista, poder e serviço: hora de empoderamento?

Apesar de a palavra *empoderamento* somente ter entrado recentemente no vocabulário da teologia feminista latino-americana, ela tem se tornado cada vez mais importante[58]. O empoderamento das mulheres é um fato na sociedade (cf. PINTO, 1998). A teologia feminista, em todas as suas latitudes, incluindo na América Latina, tem incorporado o princípio desse pensamento e discurso (cf. TOMITA, 2004). Falar teologicamente sobre o poder e o empoderamento implica, necessariamente, a questão das mulheres e dos ministérios na Igreja.

A questão a respeito dos ministérios é crucial para os cristãos hoje, especialmente para as mulheres, que sempre e necessariamente são leigas, sem nenhum acesso aos ministérios ordenados. O fato de que a Igreja Católica Romana não ordena mulheres – e não considera a possibilidade de fazê-lo, até mesmo restringindo

---

58. *Empoderamento* significa uma abordagem de trabalho que olha para a delegação do poder de tomar decisões, com autonomia e participação. Envolve a partilha do poder, a descentralização e o desafio a concentrações arraigadas do poder.

o debate sobre o assunto – é como um tapa na cara das mulheres que abraçam a paixão por construir o Reino de Deus e que têm uma dedicação radical ao serviço eclesial. Esse impedimento, por um lado, e as grandes necessidades às quais estas mulheres se dedicam, por outro lado, são sentidos profundamente, sendo fonte de um agudo sofrimento. Ao mesmo tempo, o Espírito inspira essas mulheres a se dedicarem à reflexão e à ação urgentes[59].

O novo paradigma eclesial, que substitui a Igreja centrada no dualismo clero/laicato por uma comunidade constantemente renovada e com novas dimensões de carismas e ministérios frutos do Espírito, irá permitir às mulheres contemporâneas encontrar um espaço para realizar serviço efetivo e maior para o povo de Deus.

Nos anos de 1980, quando os frutos do Vaticano II começaram a amadurecer e a Igreja da América Latina havia assimilado as conferências de Medellín e Puebla, as mulheres ousaram desafiar a situação eclesial marcada pela injustiça constante e pela pressão. Muitas começaram a assumir ministérios em suas comunidades. Também passaram a assumir responsabilidades pela coordenação de suas comunidades e celebrações litúrgicas, prestando inúmeros serviços, como também vivendo de acordo com o modelo da Igreja no qual o poder é livremente partilhado e as decisões são tomadas coletivamente.

A ocupação de tal espaço aberto começou a delinear um novo paradigma para a Igreja, um paradigma extremamente positivo e acolhido pelo povo. Nos anos de 1990, estas rotas se aprofundaram.

---

[59]. A carta apostólica *Ordinatio Sacerdotalis* (maio de 1994) reafirma, com as palavras do Papa João Paulo II, que a Igreja não tem autoridade para ordenar mulheres ao sacerdócio. Ainda afirma que essa doutrina se baseia na tradição contínua da Igreja. No dia 18 de novembro de 1995, a Congregação para a Doutrina da Fé publicou uma resposta à questão levantada em várias partes, questionando se o tema pertencia ao depósito da fé. A resposta da comissão não liga um *status* de *ex cathedra* à afirmação do papa, mas diz que é doutrina "fundada na Palavra de Deus escrita" e foi "desde o princípio constantemente preservada e colocada em prática na tradição da Igreja", além de "apresentar infalibilidade pelo magistério ordinário e universal".

Os serviços exercidos pelas mulheres testemunharam o salto, sob a inspiração do Espírito, que ocorreu na consciência eclesial.

Os bispos latino-americanos, em sua assembleia de 2007 em Aparecida, reconheceram explicitamente a contribuição das mulheres. O Documento de Aparecida menciona a importância das mulheres em diversos serviços eclesiais, afirmando, pela primeira vez, que elas devem ter acesso a níveis mais altos do processo de decisões da Igreja[60].

Existe uma veia rica para a reflexão sobre a direção futura dos ministérios femininos. No despertar da reflexão sobre empoderamento, a teologia feminista pode achar novos caminhos para capacitar as mulheres a viver plenamente o serviço a Deus e ao povo de Deus. Para isso, pode ser útil seguir outra corrente que tem se tornado sempre mais importante na teologia feminista da América Latina: a recuperação dos testemunhos históricos de mulheres e as pesquisas sobre suas vidas, experiências e pensamentos. Cada vez mais, tanto teólogos como teólogas escolhem se engajar na reflexão sobre escritos e biografias de grandes místicas de ontem e hoje. Essas vidas e esses escritos espalham as sementes do Espírito na história, sempre colocados como desafio. A reflexão sobre essas histórias pessoais fala de uma experiência profunda e radical do divino que, certamente, é um modo de empoderar as mulheres. Ao invés de uma teologia de textos, uma teologia de testemunhos pode ser um desafio rico para a teologia feminista latino-americana, em sua tentativa de resgatar e empoderar as mulheres, que têm sido marginalizadas e caladas por todas as instituições sociais (cf. SOBRINO, 2003[61]).

---

60. Cf. o *Documento de Aparecida*, n. 458.

61. Sobrino escreveu extensivamente sobre a necessidade de uma "teologia de testemunhos, ao invés de uma teologia de textos"; cf. tb. Sobrino, 1999.

Conclusão

A teologia feminista na América Latina se encontra, hoje, em um momento rico e promissor, alimentada por vários projetos que a ajudam e estimulam a crescer[62]. Além destes projetos, há uma proliferação de programas de pós-graduação, com várias alunas seguindo linhas feministas de investigação. Isso mostra que essa corrente teológica está viva e é um sinal poderoso no mundo e na Igreja.

Uma coisa, de qualquer modo, está clara. A reflexão teológica das mulheres latino-americanas tem uma longa jornada pela frente. Mesmo chamada a entrar em comunhão com as irmãs de outras latitudes, e aprendendo de suas amizades recíprocas e férteis, ela sempre levará a marca de suas origens.

Consistente com suas raízes, a teologia feminista latino-americana permanecerá, portanto, como a reflexão das mulheres sobre sua fé em relação com sua identidade e seu ser enquanto mulheres: suas condições, seus corpos, suas configurações, seus sentimentos, seus pensamentos e seus discursos. No entanto, conforme tudo isso ocorre em um contexto marcado pelo conflito e pela injustiça, também é uma reflexão sobre o pertencimento eclesial que permanece inseparável da cidadania – um esforço incansável de conectar a fé com a teologia, entendendo a teologia como uma palavra humana iluminada pela Palavra de Deus. Esse é o modo pelo qual a teologia feminista tenta contribuir para um mundo mais humano, onde os direitos humanos são cada vez mais respeitados e praticados.

---

62. Cf., p. ex., o projeto *Teologanda* na Argentina [Disponível em http://www.teologanda.com.ar] ou a posição de cátedra da teologia feminista na Universidad Iberoamericana, na Cidade do México.

4

Os pobres e a Terra

> *O mundo foi feito*
> *para ser um jardim e*
> *a vocação do ser humano*
> *é ser um jardineiro.*
>
> Rubem Alves

Como observamos, a Teologia da Libertação se espalhou amplamente nas décadas de 1970 e 1980. Após 1989, à luz das grandes mudanças no mundo, a Teologia da Libertação enfrentou uma forte crise. A queda do Muro de Berlim e o colapso do "socialismo real"[63] afetaram muitos cristãos leigos, que, inspirados por sua fé, se comprometiam com as lutas sociais e políticas. No Brasil, coincidentemente, foi o mesmo ano em que o candidato progressista Luiz Inácio Lula da Silva perdeu sua primeira candidatura à presidência. Muitos militantes foram atingidos por esses fatos e entraram em um ciclo de depressão (cf. ANDRADE, 2001a, 2001b). Essa também foi a época em que o Vaticano começou a mostrar grande preocupação com a Teologia da Libertação; muitos teólogos passaram a ser suspeitos, e alguns foram colocados sob notificações críticas ou até mesmo silenciados[64].

---

63. Uso "socialismo real" não como utópico, mas concretamente exercido como regime político em países como o Bloco Soviético, Cuba etc.

64. Entre eles, Leonardo Boff foi silenciado e proibido de publicar, e Gustavo Gutiérrez teve dificuldades constantes com a hierarquia peruana; cf. Hennelly, 1990. Mais tarde, Jon Sobrino teve notificação disciplinar da Congregação para a Doutrina da Fé; cf. Pope, 2008.

Para muitos, parecia que a utopia socialista havia recebido um julgamento negativo da história, restando apenas um modelo de sociedade possível – o capitalista. Sem a alternativa representada pelo mundo socialista (o Segundo Mundo), era difícil imaginar um jeito de o Terceiro Mundo existir separado da lógica da economia de mercado e de uma sociedade consumista.

Hoje, com a distância histórica, penso que podemos avaliar essa crise como positiva. Ela forçou os teólogos da libertação a expandirem suas esperanças e perspectivas, como também a verem que o processo de libertação não é só sobre a pobreza em nível socioeconômico-político, mas também em nível antropológico e cultural – sobre gênero, raça e etnia. Ademais, a libertação passou a ser entendida não só como algo para seres humanos, mas para toda a criação. As preocupações e as lutas ecológicas passaram a ser vistas como inseparáveis dos temas econômicos e antropológicos. Ecologia, sustentabilidade e a preocupação pela vida do planeta foram, então, incluídas na agenda da Teologia da Libertação. Construir um mundo habitável tornou-se um desafio que coincide com o empoderamento do povo para se tornar sujeito de sua própria história.

Esse movimento começou com a convicção de que tudo o que prejudica os seres humanos também é prejudicial ao planeta. Além disso, foi reconhecido que se a raça humana continuasse a destruir a natureza e a vida em todas as suas manifestações, logo ela mesma deixaria de existir. A inseparabilidade entre a luta pela justiça e a luta pela natureza e pela biodiversidade tornou-se um componente central nas preocupações teológicas.

A causa ecológica é natural ao espírito de libertação. A Teologia da Libertação entende o ser humano em comunhão com todo o cosmos. O mesmo Deus da vida que privilegia o pobre também revela o *status* sagrado da criação, que, por sua vez, é esvaziada e violada pela sociedade consumista. A Teologia da Libertação implora, portanto, por uma nova aliança cósmica e solidária, rejeitando, assim, toda dominação e exploração. Ela deu origem a uma verdadeira espiritualidade panteísta – Deus presente em todas as coisas (cf. BOFF, L. 1993; LIBÂNIO, 2013).

A teologia cristã tradicional, mesmo com seus modelos mais abertos e atuais, como a Teologia da Libertação, foi acusada de fomentar uma concepção extremamente antropocêntrica sobre o mundo e a vida. A interpretação tradicional do mandato do Gênesis para "multiplicar e dominar a terra" foi considerada responsável pela compreensão antropocêntrica e, portanto, pela atitude gananciosa da humanidade em relação à natureza e à criação. Foi dado à teologia o dever de reverter essa imagem. Além disso, a consciência cristã tornou-se cada vez mais sensível à conexão entre respeito e reverência pela Terra e pela causa da libertação, proposta na Bíblia e no Evangelho de Jesus (cf. WHITE JR., 1967; McFAGUE, 1993).

Ao longo dos anos 1990 houve uma conscientização cada vez maior das ameaças crescentes ao planeta. Essas ameaças não eram apenas teóricas; tinham implicações práticas urgentes. Essa situação deu origem a uma nova conscientização dos perigos para a Terra e a humanidade, o que provocou uma preocupação por reformas para estilos de vida mais simples e saudáveis: resumindo, uma necessidade de vida sustentável. O conceito de *vida sustentável* se refere ao estilo de vida de um indivíduo ou sociedade que pode ser sustentado com a redução de recursos naturais. Seus aderentes normalmente veem a verdadeira sustentabilidade como um objetivo ou guia, e assumem compromissos de estilos de vida a respeito de coisas como meios de transporte, acomodação, fontes de energia e dietas, de maneira que favoreçam a sustentabilidade (cf. WHITE JR., 1967).

Junto a essas medidas pessoais há um reconhecimento da necessidade de mudanças estruturais. A sociedade moderna, afinal de contas, é fundada sobre a ideologia de crescimento ilimitado. A conscientização ecológica, no entanto, chama a uma mudança de paradigma[65]. A ênfase no crescimento, assim como a vida cada vez mais agitada, é substituída por desaceleração e redimensionamento. Sem dúvida, essa abordagem tem implicações econômicas, mas também dimensões éticas e políticas, tendo sido formada durante os anos 1970, parcialmente baseada na obra de Nicholas Georgescu-Roegen: *The Entropy Law and the Economic Process* (1971).

Isso propõe a ideia de que o crescimento econômico – entendido como um crescimento constante do produto interno bruto (PIB) – é insustentável para o ecossistema global. Essa ideia é oposta ao paradigma econômico dominante que diretamente correlaciona padrão de vida mais alto com crescimento do PIB e, portanto, defende que o crescimento constante no nível de produção deve seguir como meta da sociedade. Os críticos levantam a questão sobre se o crescimento infinito é realmente possível, dado que os recursos são limitados. Eles argumentam que a melhoria no padrão de vida deve ser alcançada sem o crescimento ilimitado do consumo.

Frequentemente, essas trocas envolvem tomar decisões de estilos de vida mais favoráveis ao meio ambiente. Lester R. Brown resume a situação dizendo que "o progresso sustentável depende da mudança de uma economia à base de combustíveis fósseis, centrada nos automóveis, para uma economia baseada na energia renovável, transporte diversificado, e reuso/reciclagem"[66]. Esse termo – *progresso sustentável* – é muito similar ao frequentemente usado: *estilo de vida ecológica*.

Tais reflexões da sociedade secular, principalmente das ciências sociais, apresentaram desafios à filosofia e à teologia em geral. Ainda assim, a abordagem latino-americana sobre a ecologia teve

---

65. Sobre a conversão ecológica necessária hoje, cf. a encíclica do Papa Francisco *Laudato si'*, n. 217-220.
66. Extraído de uma entrevista de Lester R. Brown concedida a Greg Ross [Disponível em http://www.americanscientist.org].

suas próprias características distintivas muito por causa da determinação de relacionar o tema com a questão dos pobres.

A contribuição de Leonardo Boff

O famoso teólogo e pensador brasileiro Leonardo Boff tem desenvolvido continuamente uma reflexão sobre a ecologia social e o cuidado da Terra. Ele diz:

> A ecologia social não tem o meio ambiente como sua única preocupação. Se preocupa com todo o meio ambiente, inserindo o ser humano e a sociedade na natureza. Suas preocupações não são apenas com a beleza da cidade, avenidas melhores ou praças ou praias mais atraentes. No entanto, prioriza as medidas de saneamento básico, uma boa estrutura escolar e um serviço de saúde decente. A injustiça social significa violência contra o ser mais complexo e singular da criação: o ser humano, homem e mulher.
>
> Esse ser humano faz parte e é uma parte da natureza. A ecologia social propõe um desenvolvimento sustentável. É este que atende às necessidades básicas dos seres humanos hoje, sem sacrificar o capital natural da Terra, e também se considerarmos as necessidades das gerações futuras que têm o direito à sua satisfação e à herança de uma Terra habitável com relações humanas minimamente justas (BOFF, L., 2000: 41-72)[67].

O bem-estar não pode ser apenas social; deve ser também sociocósmico. Isso significa incluir o cosmos no esforço de construir uma vida melhor para as gerações futuras. Além disso, implica e supõe uma vida sóbria e simples, sem excessos ou luxúrias desne-

---

67. Cf. tb. L. Boff, 1996, 1999. Para suas reflexões sobre a relação entre teologia cristã e cosmologia, cf. Hathaway e Boff, 2012.

cessárias, enquanto também respeitando os desejos básicos e necessidades da humanidade.

Boff convoca a humanidade a ter uma visão mais crítica e racional sobre a situação atual do planeta. Devemos agir eticamente em todas as nossas relações, incluindo a relação com o planeta, a natureza e o "outro"; devemos aprender a cuidar do "outro", a usar a natureza de forma sustentável, tomando somente o que for necessário, sem abusar dela, garantindo, assim, um futuro para as próximas gerações.

Todos os problemas são interdependentes, e o problema da ecologia não é uma exceção. Não há uma solução simples, com uma parte independente das outras. Após o triste fracasso das negociações da Rodada de Doha[68], Leonardo Boff escreve:

> O vergonhoso fracasso da Rodada de Doha se deve principalmente aos países ricos que quiseram garantir a parte leonina nos mercados dos pobres. Num quadro de fome já instalada se desperdiçou a oportunidade de assegurar comida na mesa dos famintos. O sonho ancestral da comensalidade que nos faz humanos, quando todos poderiam sentar-se à mesa para comer e comungar, se torna ainda mais distante. Além da crise alimentar, assolam-nos ainda a crise energética e a climática. Se não houver políticas mundiais articuladas podemos enfrentar graves riscos às populações e ao equilíbrio do planeta. Daí *A Carta da Terra* propor uma aliança de cuidado universal entre todos os humanos e para com a Terra até como questão de sobrevivência coletiva.
>
> Os problemas são todos interdependentes. Por isso não é possível uma solução isolada com meros re-

---

68. A Rodada de Doha, que começou em 2001, é um ciclo de negociações de livre-comércio da Organização Mundial do Comércio. Seu objetivo foi aumentar o comércio no mundo pela diminuição de barreiras comerciais.

cursos técnicos, políticos ou comerciais. Precisa-se de uma coalizão de mentes e corações novos, imbuídos de responsabilidade universal, com valores e princípios de ação, imprescindíveis para uma outra ordem mundial. Enumeremos alguns deles:

O primeiro de todos reside no cuidado pela herança que recebemos do imenso processo da evolução do universo.

O segundo está no respeito e na reverência face a toda alteridade, a cada ser da natureza e às diferentes culturas.

O terceiro encontra-se na cooperação permanente de todos com todos porque somos todos ecointerdependentes a ponto de termos um destino comum.

O quarto é a justiça societária que equaliza as diferenças, diminui as hierarquizações e impede que se transformem em desigualdades.

O quinto é a solidariedade e a compaixão ilimitada para com todos os seres que sofrem, a começar pela própria Terra, que está crucificada, e pelos mais vulneráveis e fracos.

O sexto reside na responsabilidade universal pelo futuro da vida, dos ecossistemas que garantem a sobrevivência humana, enfim, do próprio planeta Terra.

O sétimo é a justa medida em todas as iniciativas que concernem a todos já que viemos de uma experiência cultural marcada pelo excesso e pelas desigualdades.

Por fim é a autocontenção de nossa voracidade de acumular e consumir para que todos possam ter o suficiente e o decente e sentir-se membros da única família humana.

Tudo isso só é possível se junto com a razão instrumental resgatarmos a razão sensível e cordial.

A economia não pode se independentizar da sociedade, pois a consequência será a destruição da ideia mesma de sociedade e de bem comum. O ideal a ser buscado é uma economia do suficiente para toda a comunidade de vida.

A política não pode se restringir a ordenar os interesses nacionais, mas se obriga a projetar uma governança global para atender equitativamente os interesses coletivos.

A espiritualidade precisa ser cósmica, de modo que nos permita "viver com reverência o mistério da existência, com gratidão pelo dom da vida e com humildade face ao lugar que o ser humano ocupa na natureza" (*Carta da Terra*, introdução).

O desafio que se impõe parece ser este: passar de uma sociedade de produção industrial em guerra com a natureza para uma sociedade de promoção de toda a vida em sintonia com os ciclos da natureza e com sentido de equidade.

Estas são as precondições de ordem ética e de natureza prática que se destinam a criar as condições de uma comensalidade possível entre os humanos. Logicamente, se fazem necessárias as mediações técnicas, políticas e culturais para viabilizar este propósito. Mas elas dificilmente serão eficazes se não forem plasmadas à luz destes princípios-guias que significam valores e inspirações[69].

Os *insights* de Boff seguem a sabedoria de outros representantes da espiritualidade cristã que anteciparam essa visão bem antes do surgimento da consciência ecológica. Me refiro, por exemplo, a Thomas Merton, o monge trapista, que viveu uma espiritualidade intimamente ligada ao amor pela criação, e ao grande jesuíta Pierre Teilhard de Chardin, cujo misticismo foi marcado pela con-

---

69. Extraído de *A impossível comensalidade depois de Doha* [Disponível em http://www.leonardoboff.com].

templação de Deus como uma força dinâmica presente na matéria, na Terra e no mundo (cf. BOCHEN, 2000; KING, 1999, 2015a, 2015b). O desafio que se coloca aqui é o de passar de uma sociedade de produção industrial que está em guerra com a natureza a uma sociedade que promova a vida em harmonia com seus ritmos naturais e com um senso de equidade.

Ecofeminismo: uma síntese fértil entre ecologia e feminismo

Ecofeminismo é um termo criado pela feminista francesa Françoise d'Eaubonne em 1974 para simbolizar a síntese entre o pensamento ambientalista e ecológico e o feminismo. É a teoria que busca um fim a toda forma de opressão. Ela correlaciona as diversas formas de dominação de acordo com raça, gênero, classe social, natureza ou o "outro", seja mulher, criança, idoso ou indígena. O ecofeminismo toma diversas formas, mas sempre unidas no desejo e na luta por uma sociedade convivial, livre de dominações e de exploração.

O ecofeminismo em países pobres assume uma configuração particular. Em países como os da América Latina, onde muitos existem com uma economia de subsistência, os pobres são as maiores vítimas da crise ambiental. Eles são os primeiros a experimentar a deterioração da qualidade de vida causada pela poluição ou escassez de recursos naturais. O pensamento ecofeminista afirma que nem a resolução da crise ambiental nem a opressão das mulheres podem ser tratadas como problemas isolados.

Do mesmo modo, de acordo com o pensamento ecofeminista básico, a questão do meio ambiente está intimamente relacionada com a condição das mulheres. Essa teoria reflete sobre a divisão social do trabalho, alocada nas esferas pública e privada. Por exemplo, em muitas culturas as mulheres tiveram papel principal na arrecadação de alimentos, combustíveis e água para suas famílias e comunidades. Portanto, mulheres sempre tiveram grande interesse pelo cuidado à natureza, tentando prevenir o desmatamento, a acumulação de lixo tóxico e a poluição da água, entre outras coisas.

O ecofeminismo sustenta a ideia de que a luta ecológica está essencialmente ligada à libertação das mulheres. Essa relação íntima entre mulher e natureza também se justifica em termos do processo da maternidade. Por essa razão escolhe a metáfora do corpo para o ecofeminismo: todos fazemos parte de um Corpo Sagrado, vivendo um momento da revelação em que a consciência humana se desperta para os mistérios sagrados do planeta (cf. RESS, 2006).

O ecofeminismo reconhece a conexão que une todos os seres vivos, uma intuição já presente nos povos originários. O ecofeminismo honra as tradições das culturas nativas, que mantêm uma proximidade amorosa com a Terra, reverenciada como mãe e doadora de vida.

A teóloga brasileira Ivone Gebara é uma das maiores representantes do ecofeminismo latino-americano. Gebara (1999: 158-159)[70] propõe que uma "íntima articulação entre uma linha feminista e uma linha ecológica nos abre não só a uma verdadeira possibilidade de igualdade entre homens e mulheres de diferentes culturas, mas também a uma relação diferente entre nós, com a Terra e com todo o cosmos". Ela também afirma como característica central do ecofeminismo a relacionalidade com todos os seres e sua interdependência fundamental, com profundas implicações para a cosmologia e para a antropologia (cf. GEBARA, 2000b)[71].

Segue aqui sua afirmação a respeito da necessidade de uma nova ética para governar nossa relação com os outros, com não humanos e com todo o ecossistema: "Meu próximo é eu mesma, minha irmã, meu irmão, meu bairro, os rios, os mares e todos os

---

70. Cf. tb. Gebara, 2005.

71. O artigo responde aos críticos que acusam o ecofeminismo latino-americano de adotar aspectos da Nova Era.

animais. Tudo é meu próximo e eu sou o próximo de tudo. Qualquer agressão ao meu próximo é uma agressão ao meu próprio ser. Hoje nosso desafio é desenvolver esta ética para além das referências patriarcais, que os caracterizavam no passado e ainda o fazem no presente" (GEBARA, 2002: 10).

Para Gebara, o ecofeminismo deve ser visto como a práxis da libertação, especialmente na América Latina. Por esta razão, ela e todas que a seguem creem que precisam estar situadas nas filosofias e teologias da libertação, amplamente entendidas. Insistindo na necessidade de ir além das discussões estéreis, Gebara chama a uma busca por soluções concretas para problemas diários; a seriedade da situação exige ação imediata. Ela comenta: "Enquanto todas estas discussões acontecem, a destruição da floresta tropical continua. Centenas de mulheres e crianças morrem de fome ou doenças provocadas pelo sistema capitalista capaz de destruir vidas e gerar benefícios apenas para alguns poucos felizardos" (GEBARA, 2002: 10).

Ela quer enfatizar que o destino da Terra e o destino dos oprimidos andam juntos. Todo clamor por justiça, portanto, implica um clamor por ecojustiça. Os oprimidos da teologia latino-americana hoje incluem não só seres humanos pobres, mas também a Terra espoliada, que torna a pobreza de seres humanos ainda mais séria.

Criação como paixão e compaixão

De acordo com a Bíblia, a palavra criadora de Deus é um elemento constitutivo da origem e contínua atividade da natureza. O cosmos, por sua vez, é uma forma da revelação de Deus. Deus é a fonte de toda a nossa existência. Ele chama todas as coisas à existência. A Palavra de Deus, além disso, cria ordem a partir do caos. Tudo isso acontece sem violência, em uma espécie de doçura fundante que apoia o desenvolvimento de uma pedagogia divina com o povo escolhido. Nas Escrituras cristãs esse diálogo de vida e amor chega ao auge no Sermão da Montanha, no qual é proclamada a perfeição do Pai, que faz o sol nascer para bons e maus, a chuva cair sobre justos e injustos, do mesmo modo (cf. BINGEMER, 1992).

A Bíblia começa com as palavras "no princípio", mas ainda não há a ideia de transpor a eternidade de Deus ao mundo criado. Somente Deus é o princípio e início de tudo que existe, e o mundo vem depois. Esse "princípio", essa "origem sem origem", só encontra sua fonte no mistério inefável que Jesus Cristo chamou de Pai; é incompreensível e sem "fim". Do mesmo modo, esse fim, sem o qual o mundo perderia seu dinamismo, é totalmente desconhecido por nós.

O esforço recente colocado pela teologia cristã de mergulhar nos problemas da ecologia e das relações humanas com a totalidade da criação revela uma nova consciência. Em jogo na questão ecológica está muito mais que um novo sujeito para a reflexão. O que está em jogo é o futuro da vida na Terra e o conceito de Deus que é central para o cristianismo: Deus como Pai e Mãe, Autor da vida, Criador e Salvador. O esforço em restaurar as relações harmoniosas entre a humanidade e o cosmos exige superar certos conceitos determinantes individualistas e econômicos do ser humano. Chama-nos a recuperar uma noção da vida tão presente nas vidas dos povos antigos, que viam o cosmos como epifania, cheio de sentido, manifestação do mistério, uma instância que pedia reverência e respeito.

A contemplação do mistério do cosmos não deve ser vista como uma preocupação ascética nascida do lazer, mas como a expressão de uma preocupação ética primária, voltando o cosmos para os homens e mulheres que foram despossuídos. Essa restituição acompanha uma luta em dar pão aos famintos, teto aos desabrigados, água aos que têm sede. Cada uma destas ações implica nada menos que restaurar um pedaço do cosmos para aqueles que dele foram privados.

Conclusão: os pobres como mestres e protagonistas da ecologia

A consideração pela questão social da ecologia deve começar com a situação dos pobres, em quem a própria vida está sob grande ameaça. Os pobres são as maiores vítimas do desastre ecológico que experimentamos hoje, porque têm menos meios de se proteger.

É claro que os pobres também devem tomar parte na luta ecológica, e, para que isso ocorra, precisam ser devidamente educados sobre as questões em jogo.

Como as vítimas principais da destruição ecológica, talvez os pobres possam ser os protagonistas e mestres deste campo, já que, estando no meio da opressão, exemplificam e nos ensinam os princípios da resiliência, alegria, perdão e reconciliação.

Como o Papa Francisco diz na *Laudato si'*:

> Assim, uma comunidade liberta-se da indiferença consumista. Isto significa também cultivar uma identidade comum, uma história que se conserva e transmite. Desta forma cuida-se do mundo e da qualidade de vida dos mais pobres, com um sentido de solidariedade que é, ao mesmo tempo, consciência de habitar numa casa comum que Deus nos confiou (n. 232).

Com essa encíclica memorável, que está sendo estudada em todo o mundo, o papa reafirma a intuição latino-americana de que o cuidado pela Terra é inseparável do cuidado pelos pobres. Em outras palavras, a ecologia sempre acompanha a justiça. Existem dois polos do mesmo e permanente desafio que o Criador coloca para a humanidade todos os dias: a luta e o cuidado pela vida, uma boa vida, uma vida plena para todos.

5

Uma teologia em diálogo com outras tradições

Em 1492, Cristóvão Colombo desembarcou na ilha do arquipélago hoje conhecido como Bahamas, acreditando que havia encontrado uma nova rota para a terra das Índias, tão sonhada pelos europeus. O que ele havia descoberto seria chamado de América – um novo continente em uma época na qual ingenuamente se acreditava que o Evangelho havia sido levado e proclamado no mundo inteiro, inaugurando-se assim uma nova era de *missão* –, termo associado anteriormente aos primeiros apóstolos. Agora, o termo *missão* se aplicava aos arautos do Evangelho nesses novos territórios (cf. BINGEMER, 2013).

As diferenças, no entanto, são notáveis. Os primeiros apóstolos passaram por perseguições cruéis sob o Império Romano. Os novos apóstolos foram escolhidos e enviados com o total apoio de "Suas Majestades Cristãs e Sereníssimas", os reis da Espanha e Portugal.

Esses novos apóstolos, protegidos e transportados pelo poder real, companheiros de exércitos que lutaram contra os índios, foram também apoiados por uma Igreja poderosa, fortemente hierárquica, solidamente organizada em termos de doutrina e disciplina. Era a época da Contrarreforma, da arte Barroca, de uma Igreja "triunfante sobre a heresia". Aos povos nativos foi dada uma palavra de Deus que não havia se esvaziado de si mesma, não havia assumido a condição de escrava, como o fez a Palavra Encarnada (Fl 2,5-11). Alguns – incluindo os frades dominicanos Bartolomè de Las Casas e Antonio de Montesinos – contestaram esse procedimento, denunciaram os abusos de poder e defenderam o Evangelho. A maioria dos pregadores, no entanto, vivia pacificamente com a escravidão que testemunhava e com a prática do Batismo imposto. Durante muito tempo os índios foram proibidos de receber sacerdócio e episcopado. O resultado, ainda hoje, é a ausência de uma Igreja autóctone, especialmente em certas partes da região andina, como Bolívia e Peru, onde a população indígena constitui até 85% dos habitantes. Alguns séculos depois, escravos africanos, principalmente no Brasil e na Colômbia, também foram forçados a aceitar a religião dos europeus – ou fingiram aceitá-la –, dando a suas divindades nomes de santos católicos.

A Igreja estendeu sua presença e hegemonia por toda região, assim como seu caráter forte no latim e a ênfase na hierarquia, disciplina e doutrina. Imbuídos da mentalidade dogmática da Contrarreforma, os novos apóstolos espalharam o novo *Catecismo do Concílio de Trento* com maior entusiasmo do que as Sagradas Escrituras.

Com o tempo, a palavra *missão* assumiu o significado de algo mais jurídico do que teológico. *Missões* se tornaram menos missões de Deus para o mundo e mais missões de uma parte do mundo para o resto do planeta – da Cristandade ocidental para outras latitudes. Missionários eram enviados aos turcos no Oriente, assim como ao império de Cuzco no Peru.

América Latina: um continente cheio de diversidade

Hoje a América Latina é conhecida como o maior continente católico do mundo. Ainda assim, existe uma consciência crescente de sua identidade religiosa multicultural. O fato é que a religião na América Latina sempre foi um fenômeno multicultural e pluralista.

Pensar e falar de Deus no Hemisfério Sul do mundo implica voltar no tempo à época da colonização. Quando os colonizadores europeus chegaram à América Latina, não encontraram um vazio. Encontraram pessoas. Eles encontraram pessoas nativas que adoravam deuses e criam em forças transcendentais (MARZAL et al., 1989).

Desde seu primeiro contato com o povo caribenho e das Américas, os europeus enfrentaram várias questões: antropológicas, sociais, religiosas e, finalmente, teológicas. Eles são humanos? Eles têm uma religião? Quem é o seu Deus? (cf. BEOZZO, 2014). As respostas então dadas a estas perguntas foram refletidas com profunda distorção: "Eles não têm nenhuma religião!" ou "Nós precisamos anunciar o Evangelho a eles para que possam ser convertidos"[72].

Como o tempo iria demonstrar, isso não era algo tão simples assim. As tradições religiosas dos povos indígenas eram tão antigas, ou até mais antigas em alguns casos, quanto as tradições dos colonizadores, que tinham vindo em nome dos reis e rainhas de Portugal e Espanha. Em pouco tempo surgiu a realidade complexa do choque entre pessoas, culturas e religiões. As questões teológicas e pastorais colocadas nessas origens continuam a representar, até hoje, um peso sobre a consciência e o desenvolvimento do cristianismo latino-americano.

A América Latina tem mais de trezentos povos indígenas ou grupos étnicos, representando cerca de vinte milhões de pessoas. Na Guatemala e na Bolívia eles constituem a maioria da população.

---

72. Cristóvão Colombo (2003: 142) escreve em seu diário: "Reconheço, sereníssimos príncipes, que se as pessoas religiosas devotas estivessem aqui, sabendo a língua, todos se tornariam cristãos". Para vários documentos relacionados à conquista e evangelização das Américas, cf. Goodpasture, 1989; Penyak e Petry, 2006.

Hoje, no Brasil, o número se aproxima de um milhão de pessoas, oriundas de diversos grupos representantes de minorias espalhadas pelo país, sendo que algumas delas chegam a ter apenas cerca de cem membros[73]. Como o cristianismo se relaciona com essa realidade?

Dois séculos após a conquista dos colonizadores europeus sobre nossos territórios, a grande maioria das pessoas situadas no coração das áreas conquistadas havia aceitado o batismo. Missionários excepcionais como o dominicano Bartolomè de Las Casas, entre os maias de Chiapas e Guatemala, foram capazes, em alguns casos, de restringir a violência militar contra os indígenas. Mais tarde, missões jesuítas no Paraguai e em outros lugares seguiram modelos similares[74]. Havia outros povos, como os mapuches no Chile e os guaranis em Chaco, Bolívia, que resistiam firmemente à conquista e à evangelização, até finalmente serem conquistados pelos exércitos europeus no final do século XIX.

Mesmo entre os povos indígenas cristianizados, um processo intenso de sincretismo prevaleceu em todos os aspectos de suas vidas. Suas vidas comunais e a forma de governo interno incorporam as crenças e práticas ancestrais. As expressões de sua identidade comunal frequentemente coincidem com as celebrações religiosas, refletindo uma apropriação do cristianismo, marcada pelas cosmovisões de seus ancestrais dentro de todo um horizonte de sincretismos.

Nos Andes, por exemplo, a Virgem Maria frequentemente é identificada com a Mãe Terra ou Pacha Mama. Além disso, o trabalho de antropólogos e teólogos renomados no México mostra

---

73. Cf. o texto de René Cardozo: *Diálogo inter-religioso e povos indígenas* [Disponível em http://www.cpalsj.org].

74. Cf., p. ex., o filme *"A missão"* (1986), um drama histórico sobre as missões jesuítas na América Latina, dirigido por Roland Joffé.

elementos de síntese entre o culto à Virgem de Guadalupe e a cultura *nahuatl* indígena (cf. ELIZONDO, 1997; ELIZONDO et al., 2006; BINGEMER & GEBARA, 1988).

A questão é que, até onde os fatos evidenciam, o diálogo inter-religioso – seja bem ou mal conduzido – não é um fenômeno novo na América Latina, mas esteve presente desde o princípio. Mesmo no catolicismo aparentemente sólido e monolítico, sempre houve um certo grau de pluralidade religiosa. Isso pode ser constatado nos países espanhóis da América Latina e, ainda mais, no caso complexo do Brasil, onde há uma tríplice matriz cultural: portuguesa, indígena e africano.

A vinda das religiões africanas e a dificuldade do diálogo

A confluência das três maiores tradições que formam o território cultural brasileiro marca o país de maneiras diferentes das outras culturas latino-americanas colonizadas pela Espanha (cf. FREYRE, 1998; HOLLANDA, 1997)[75]. No Brasil, universos culturais e simbólicos coexistem e são simultaneamente pré-modernos, modernos e pós-modernos[76]. Isso é especialmente o caso do catolicismo, que tem um lugar importante na esfera religiosa brasileira e dialoga com outras tradições religiosas.

A pluralidade religiosa em que o catolicismo romano brasileiro cresceu e se desenvolveu lhe deu uma identidade extremamente rica e significante. A Igreja Católica no Brasil sempre teve de enfrentar desafios e questões que lhe deram uma configuração diferente daquela de outros países do continente. A pluralidade de

---

75. Devemos, talvez, fazer uma exceção às ilhas caribenhas, que também foram marcadas pela importação em grande quantidade de escravos africanos. Mas o processo de interação cultural foi diferente no Brasil.

76. Cf. CNBB. *Para onde vai a cultura brasileira?*, especialmente na obra de Marcelo de Carvalho Azevedo, 1990.

diversas identidades africanas, indígenas e europeias vivendo lado a lado com a fé católico-romana obrigou os católicos brasileiros a buscar constantemente, em um processo dinâmico, sua identidade. Essa luta prontificou os católicos brasileiros a irem atrás de respostas novas e originais para os desafios de sua época e para abrirem espaços e caminhos no estabelecimento do diálogo com as diversas religiões e culturas que constituem seu país.

A fé católica inicialmente foi associada com o movimento colonial da conquista europeia (cf. FRISOTTI, 1996)[77]. Por um lado, isso resultou no surgimento de barreiras entre os povos indígenas e sua compreensão tradicional sobre o sagrado. Por outro, levou a tentativas excessivamente precipitadas de sincretismo, que normalmente eram inconscientes e inconsistentes[78], com o resultado de que "em nosso país o canto dos santos nem sempre esteve em harmonia com a dança dos orixás"[79].

No decorrer de quatro séculos, os europeus tiraram milhões de africanos da África. Aqueles que sobreviveram a sua passagem para a América – não mais do que a metade – sofreram um processo de aculturação. No entanto, continuaram a guardar suas crenças e tradições religiosas que afirmavam seu passado. Como resultado, uma cultura afro-negro-brasileira de "diáspora" teve início, expressa na nova família – a *família de santo* –, unida na procura de seu *axé*, ou força vital, que era demonstrado em diversas formas de religião. Um processo similar ocorreu nas Ilhas do Caribe, Cuba e Antilhas, com o surgimento da *santería* (cf. ESPÍN, 2000).

Escravos africanos foram batizados à força na religião dos colonizadores. Enquanto aceitavam ostensivamente a nova religião,

---

77. Cf. tb. *Revista Humanidades:* "Consciência negra", 47, dez./1999. UnB.

78. Para o conceito de sincretismo ou mistura de culturas e religiões, cf. Soares, 1996, 2001, 2003.

79. Orixás é o nome, derivado da religião yorubá, dado aos santos e divindades das religiões afro-brasileiras; cf. Aragão, 2002.

contudo, davam os nomes das divindades e santos católicos a seus próprios orixás, suas manifestações do Divino. Portanto, vemos em religiões afro-brasileiras que Deus Pai é Oxalá, Jesus Cristo é Xangô, Nossa Senhora é Iemanjá, Santa Bárbara é Iansã, São Jorge é Ogum, e assim por diante. Essa estratégia de resistência permitiu aos africanos manterem relações relativamente pacíficas com os europeus brancos, sem realmente adotar sua religião. Pelo contrário, continuaram a praticar a sua própria, disfarçada de cristianismo (cf. ROCHA, 1999).

Os cultos religiosos de origem africana serviram como um espaço privilegiado para salvaguardar a identidade cultural dos afro-brasileiros. Certamente, as religiões africanas tradicionais mantiveram suas próprias culturas através da reinterpretação de suas formas, renomeando seus deuses locais anteriores e simplificando seus rituais. Além disso, através de um processo de sincretismo, foram capazes de afirmar os valores do povo africano sob novas circunstâncias sócio-históricas. Consequentemente, uma nova identidade negra foi criada, em configurações mais ou menos vinculadas à identidade africana. A característica essencial de tais configurações que permaneceu foi a cor, que denota a origem racial e, no caso do Brasil, uma história de escravidão. Cuba, em 1820, e Brasil, em 1888, foram os últimos países na América Latina a abolir a escravidão. Conforme homens portugueses dormiam com as mulheres africanas, uma nova população mulata (mestiça) surgia como sinal visível da síntese cultural.

A estratégia adotada pelos africanos resolveu todos os seus problemas? As religiões afro-brasileiras e caribenhas encontraram verdadeira paz e harmonia deste modo? Certamente não. Desde a "abolição" da escravidão no Brasil[80], mais perseguições foram

---

80. Os grupos liberacionistas brasileiros questionam a afirmação de que a escravidão tenha sido abolida no Brasil em 1888. A escravidão, como eles entendem, continua existindo.

dirigidas contra os esforços dos *terreiros*[81], pessoas de descendência africana que tentavam retomar suas práticas religiosas. Essas perseguições estavam obviamente conectadas às questões raciais.

Hoje, pessoas de descendência africana constituem grande parte da população brasileira. Contudo, a maioria pertence às classes pobres da sociedade e enfrenta obstáculos em quase todos os âmbitos: para conseguir trabalho, para ser aceita socialmente e para aproveitar as oportunidades disponíveis, onde geralmente predominam os de descendência europeia (cf. CAGNASSO et al., 1995; SUESS, 1995; BRIGHENTI, 1998). Apesar disso, suas cerimônias religiosas são procuradas por pessoas brancas que apreciam a experiência da dança e música do Candomblé. E o carnaval, um festival apropriado primeiro pelos descendentes africanos, tornou-se um evento comercializado, atraindo multidões de turistas.

Como podemos ver, no caso dos descendentes indígenas e africanos, o problema ou a diferença da cultura e tradição religiosa está profundamente ligado à pobreza, uma conexão de interesse crescente para a Teologia da Libertação.

As dificuldades do pluralismo religioso e a Teologia da Libertação

Apesar de ser quase impossível negar a importância do "outro" na Teologia da Libertação, esse enfoque tende a se concentrar na figura do pobre, do oprimido e das classes exploradas. Nas primeiras décadas desde o surgimento da Teologia da Libertação houve pouca preocupação com a abertura para outras tradições religiosas.

Mesmo entre teólogos da libertação que se preocupavam com o tema da religião popular, havia pouco impulso para se engajar com as culturas religiosas ricas e diversas do continente. Até no

---

81. Terreiro é um lugar de culto e liturgia das religiões afro-brasileiras.

caso da religião popular, a abordagem de certos teólogos da libertação foi ambivalente, com a tendência de contrastar a religião popular ou religiosidade com a fé libertadora. Existem vários exemplos dessa tendência nas obras de pioneiros da Teologia da Libertação[82]. Uma tendência parecida ocorre na Teologia da Libertação com a preocupação de "purificar" a religiosidade popular de seus elementos de "alienação" e "opressão" (LIBÂNIO, 1987: 279)[83]. Também podemos ver essa tendência nos documentos do Episcopado Latino-americano, por exemplo no documento de Puebla de 1979: "Por falta de atenção dos agentes de pastoral e por outros fatores complexos, a religião do povo mostra em certos casos sinais de desgaste e deformação: aparecem substitutos aberrantes e sincretismos regressivos" (n. 453)[84].

Com a crise de 1989, a Teologia da Libertação começou a dilatar seu horizonte, dando atenção a outros tópicos, como gênero, raça, etnicidade e ecologia. Contudo, a teologia do pluralismo religioso, que já havia começado no Primeiro Mundo (cf. KNITTER, 2008), não capturou o interesse dos teólogos latino-americanos no início.

É um fato que na América Latina a maioria das pessoas é "oficialmente" católica. A Teologia da Libertação inicialmente apareceu em grupos dedicados a renovar a missão da Igreja a serviço do povo dentro de culturas fortemente católicas. Mesmo o interesse pelo ecumenismo não era forte na América Latina até os anos de 1990[85], quando uma colaboração mais visível surgiu entre católicos

---

82. Aloysius Pieris, um jesuíta do Sri Lanka, examina a questão em *An Asian Theology of Liberation*, 1988.

83. Para uma análise em torno da atitude da Teologia da Libertação sobre a "religião popular", cf. Cox, 1989.

84. Uma tradução em português do documento final se encontra em http://www.pucminas.br

85. Não podemos esquecer as primeiras obras importantes de ecumenismo; cf., p. ex., Bonino, 1977, 2003; Alves, 1987; Santa Ana, 1985; Cook, 1994.

e protestantes em organizações como as Comunidades Eclesiais de Base, grupos de mulheres, de indígenas, círculos bíblicos, projetos pastorais na terra, e assim por diante. Esse era um ecumenismo prático, ao invés de uma eclesiologia ecumênica efetiva, elaborada em círculos acadêmicos ou teológicos.

Começando em meados da década de 1990, foram surgindo vários círculos de teologia pastoral e da libertação com maior preocupação com a inculturação da fé e da linguagem cristãs. Estava ficando claro que o trabalho cristão pastoral seria impossível sem entrar na cultura do "outro" (cf. IRARRÁZAVAL, 1998).

Resumindo, como foi comentado, para garantir a sobrevivência de sua cultura, os povos oprimidos de descendência africana entraram em diálogo com a religião dos colonizadores e com a religião de outros povos, como as religiões indígenas. Eles forjaram uma síntese entre o cristianismo e os cultos e ritos de base africana, como o candomblé na Bahia, o xangô em Recife, a *santería* em Cuba e na República Dominicana, e os cultos afros na Colômbia. Falando sobre a síntese dos povos nativos no continente, Eleazar Lopes, um teólogo mexicano zapoteco, afirma que o povo sabia como "reformular sua cultura [...] no contexto do sistema [...]. Eles releram a religião cristã para dar continuidade dentro dela a suas tradições religiosas ancestrais de seu povo" (LOPEZ apud IRARRÁZAVAL, 1998: 78). Diego Irarrázaval agrega e explica:

> De acordo com as características de cada região e de acordo com os processos locais, o povo desenvolveu seu próprio espaço e tempo [...]. Essa pluralidade de espaços e momentos de bem-estar salvífico implica uma série de funções religiosas e tipos de liderança. Também temos vários jeitos de invocar e entender o sagrado. Parece uma espécie de politeísmo, mas na verdade é um policentrismo humano com pontos de referência religiosos (IRARRÁZAVAL, 1998: 77).

Ademais, a Teologia da Libertação se voltou para a religião popular através da inserção de comunidades religiosas no mundo dos pobres. Em um primeiro momento, a opção preferencial pelos pobres contava com lentes que entendiam a pobreza a partir de uma perspectiva socioeconômica e política. No entanto, outro lado dessa inculturação começou a surgir conforme agentes pastorais se inseriam no mundo dos pobres e se identificavam mais com a cultura religiosa do povo. Por exemplo, na Diocese de São Felix do Araguaia, uma fraternidade das Irmãzinhas de Jesus vivia em uma aldeia Tapirapé, uma tribo indígena. Elas se identificavam com esse povo. A Irmã Genoveva, uma freira francesa, que faleceu em 2013, foi reconhecida pela comunidade indígena como uma verdadeira Tapirapé. Durante os anos 1970, Bartholomé Meliá, SJ, um padre espanhol que viveu com os indígenas de Salumã no Paraguai, também participava de seus rituais religiosos. E Pe. François de l'Espinay (1987), um francês que era muito comprometido com a Teologia da Libertação, tornou-se membro de uma comunidade do candomblé, na Bahia.

Esses momentos foram decisivos para o desenvolvimento de uma espiritualidade da libertação. Com a prática dessa espiritualidade, surgiu todo um movimento de abertura e diversidade. O conceito de "macroecumenismo" cresceu cada vez mais forte, com uma nova consciência de um ecumenismo selado pela universalidade do povo de Deus, uma compreensão de que o povo de Deus consiste em muitos povos (cf. TEIXEIRA, 1997: 150; CASALDÁLIGA & VIGIL, 1993).

No ano 2000, o teólogo peruano Gustavo Gutiérrez, apresentando a nova edição brasileira de sua *Teologia da Libertação*, escreveu um longo prefácio em que mostrava como essa teologia havia crescido nas suas perspectivas. Ele ressaltava a importância do diálogo estabelecido com outras teologias (asiática e africana), contribuindo, portanto, para uma melhor compreensão e apreciação dos pobres e dos aspectos de sua cultura. Gutiérrez ressaltou o pluralismo religioso e o surgimento do diálogo inter-religioso como um dos desafios mais fundamentais de nosso tempo[86].

Da separação, através do diálogo, ao pertencimento duplo (múltiplo)

Aqui surge uma questão: É possível uma pessoa que pertence a um grupo sociorreligioso específico sentir-se em casa e participar de outro? Isto é, podem duas ou mais religiões ou tradições espirituais coexistirem em um único indivíduo? Em um nível abstrato, seja sociológica ou filosoficamente, a resposta deveria ser não, provavelmente. Cada religião considera sua visão de mundo e suas doutrinas como verdades absolutas. Parece impensável que alguém seja capaz de acreditar em dois sistemas diferentes da verdade ao mesmo tempo. No entanto, quando analisamos a situação em termos fenomenológicos, nos deparamos com pessoas que parecem se sentir em casa em duas tradições religiosas diferentes. Os de fora veem isso como sistemas religiosos sincréticos ou paralelos, mas aqueles que praticam parecem confortáveis em ambos.

Muitos teólogos contemporâneos veem uma combinação e até integração das religiosidades cósmicas locais como algo não só normal, mas até inevitável e necessário (cf. CORNILLE, 2002; KNITTER & HAIGHT, 2015). Esses fenômenos podem ser vistos em todo o mundo onde as grandes religiões se espalham pelas novas áreas geográficas. A natureza cósmica e metacósmica dos elementos diversos neles encontrados não torna sua coexistência ou até integração um problema. As pessoas realmente vivem em mun-

---

86. Para Gutiérrez (2000b: 52), a teologia deverá prestar atenção especial a esse tema, compreendendo-o como um sinal dos tempos, buscando discernir, "à luz da fé, o novo campo hermenêutico sendo proporcionado para pensar nossa fé e falar sobre Deus de modo que fale também ao povo de nosso tempo".

dos simbólicos diferentes e parecem transitar de um para o outro com facilidade. A coexistência, se não a integração, entre os dois é marcada com frequência pelas condições históricas e sociais locais.

Vários estudos da religiosidade popular em continentes diferentes mostram que as pessoas continuam a invocar outros poderes – normalmente espíritos e ancestrais – em casos de necessidade de proteção do perigo; para cura física, mental e de doenças sociais; e para estabelecer relações favoráveis com os poderes da natureza e da sociedade. Tais rituais prevalecem nos ritos de passagem da vida individual à social. Essas práticas na forma de devoções populares são variadamente condenadas, toleradas ou até encorajadas pela Igreja oficial. Lugares e horários sagrados, mediadores poderosos, vivos ou mortos, peregrinações e penitências especiais são comuns em todo o mundo, ainda hoje (cf. CORNILLE, 2002; KÜNG et al., 1993). Aliás, isso parece ser o caso na América Latina com as tradições indígenas e africanas.

Portanto, é possível beber demais de uma fonte, viver várias fés, seguir vários guias? Se a resposta for sim, sob quais condições? Olhando mais de perto, parece que um "pertencimento duplo" não significa que uma pessoa viva plenamente em duas tradições de um modo paralelo e no mesmo nível. Não seria mais fecundo entender esse fenômeno como um movimento dinâmico e espiritual, em que o indivíduo é exposto a uma tradição e a abraça sem deixar para trás a sua anterior? Em tal encontro, além da curiosidade superficial, ocorre um reconhecimento da necessidade e sede de que o peregrino – aquele que passa de uma religião pertencendo a outra – não pode ignorar[87].

Hoje, uma tendência importante na teologia cristã tem desenvolvido a convicção de que toda religião, dentro de seus próprios limites, carrega sementes da verdade e é portadora de uma forma

---

87. Para o conceito de religião como lugar de trânsito, cf. Certeau (1989).

genuína de salvação[88]. Cada vez mais se torna evidente que os encontros entre as religiões não devem ocorrer em um contexto de acusação mútua ou ameaças, mas em uma atmosfera de respeito e diálogo. Assim sendo, as relações entre o cristianismo e as tradições religiosas afro-brasileiras não têm que negar a verdade ou a salvação uma da outra. Pelo contrário, elas podem encontrar renovação e enriquecimento mútuos.

Conclusão

Os teólogos da libertação se engajaram no diálogo com vários teólogos da Ásia e de outros lugares. Esse diálogo rendeu muitos frutos. Por exemplo, a nova geração de teólogos indianos (como os jesuítas Aloysius Pieris e Michael Amaladoss) que incorporaram vários *insights* da Teologia da Libertação. Esses teólogos acolheram com grande interesse os novos modelos de pensamento teológico e práxis pastoral que vieram da América Latina, aos quais eles se integraram com o desafio asiático urgente do pluralismo religioso. Outros teólogos também viram a urgência de fomentar maior interação entre a Teologia da Libertação e a Teologia das Religiões. Como escreve Paul Knitter:

> Os teólogos da libertação estão percebendo que uma libertação econômica, política e especialmente nuclear é um trabalho grande demais para qualquer nação, cultura ou religião. Um compartilhamento transcultural e inter-religioso da Teoria da Libertação e sua práxis é necessário. E teólogos das religiões estão reconhecendo que um diálogo entre religiões que não promova o bem-estar de toda a humanidade não é um diálogo religioso (KNITTER, 1986: 111)[89].

---

88. Cf. primeiramente *Nostra Aetate*, do Concílio Vaticano II. Entre as teologias pós-conciliares, cf., dentre outros, Dupuis, 1994; Amaladoss, 1990.

89. Cf. tb. Knitter, 2010.

Também podemos recordar Hans Küng, que no início dos anos 1990 iniciou um projeto denominado Global Ethics Foundation, uma tentativa de descrever o que as religiões do mundo têm em comum, ao invés do que as separa, e traçar um código mínimo de regras éticas que todos possam aceitar. Sua visão sobre uma ética global foi incorporada em um documento, cujo rascunho inicial ele escreveu: *Towards a Global Ethic: An Initial Declaration*. Essa declaração foi assinada no Parlamento Mundial de Religiões em 1993 por líderes religiosos e espirituais de todo o globo. Mais tarde, o projeto de Küng iria culminar no programa Diálogo entre Civilizações da ONU, no qual ele seria nomeado como uma das dezenove "pessoas eminentes".

Tudo isso carrega um desafio duplo. Por um lado, está a importância de expandir as limitações regionais da Teologia da Libertação e sua abertura a outras religiões; por outro, está a importância de desafiar as teologias da religião a abraçarem a opção pelos empobrecidos e excluídos, levando a sério as questões de pobreza e opressão[90]. A singularidade e a riqueza de combinar essas duas teologias são indiscutíveis, já que são expressões criativas e revitalizantes para o pensamento teológico contemporâneo. Além disso, tentam abordar uma questão provocativa que desafia as igrejas e as religiões hoje em dia: a dolorida realidade de injustiça junto à riqueza da pluralidade e da diversidade entre as religiões e culturas.

Talvez a convergência mais profunda que ligue a Teologia da Libertação à teologia cristã das religiões seja a mesma paixão por um horizonte mais largo que os cristãos chamam de salvação do Reino de Deus. Mais do que um pertencimento e uma referência

---

90. Como observou Paul Knitter (2001), assim como a Teologia da Libertação não pode relativizar a atenção dada ao contexto global cultural e religioso, também a Teologia das Religiões deve estar atenta à experiência comum e humana de sofrimento como um "novo '*kairós* hermenêutico' para o encontro inter-religioso". Cf. tb. Knitter, 1987, 1995.

institucional, essas duas teologias estão interessadas em construir uma vida melhor para tudo e todos.

Nessa luz, o desafio é de formar uma simbologia inter-religiosa do Reino de Deus, um mistério que implica uma relação profunda entre todas as religiões, sem ficar estritamente confinado a uma delas. Alcançar essa meta é um modo de acolher o valor da alteridade, reconhecendo em cada tradição uma fonte de mistério infinito, com um sentido profundo e verdadeiro que não pode ser totalmente traduzido. Deste modo, cada singularidade de cada tradição religiosa é preservada.

Essa paixão comum pela salvação e pelo Reino de Deus se torna um exercício na promoção da compaixão, buscando a vida e afirmando justiça para todos. Johann Baptist Metz chama essa busca compassiva de "o coração da identidade teológica": "O discurso sobre Deus só pode ser universal, ou significativo para todos os seres humanos, se no centro ele traduzir um discurso sobre Deus sensível ao sofrimento dos outros" (METZ, 2002: 27).

David Tracy (2003) observou que muitas experiências místicas começam com a conscientização do sofrimento ou com a atenção ao sofrimento do outro. Esperemos que o desejo de curar e aliviar o sofrimento humano se torne o caminho das religiões para se engajarem no diálogo e se aproximarem para construir um mundo de paz e justiça para todos.

Conclusão
O futuro da teologia latino-americana

Foi importante revisitar o passado para compreender as raízes e origens da teologia latino-americana, a fim de que, assim, possamos continuar a pensar teologicamente a serviço de nosso povo conforme seguimos em frente.

Como diz Jon Sobrino (1994), existem passados que matam e enterram ideais e sonhos. Por outro lado, existem passados que têm o poder de lançar processos transformativos e vivificantes. A Igreja latino-americana tem um passado muito abençoado e iluminado. É uma Igreja que construiu algo novo na história cristã, contribuindo para a Igreja maior com a recepção e a interpretação talvez mais originais e valiosas do Vaticano II.

Esse passado glorioso, que inclui um corpo fértil e abundante de obras teológicas, e que foi selado pelo testemunho de vários mártires e confessores, continua a iluminar e a inspirar aqueles que desejam construir um mundo diferente. Consequentemente, esta memória é e sempre será subversiva; nenhum poder e nenhum opressor poderá apagá-la.

Não só a teologia latino-americana deixou seu impacto sobre a doutrina social da Igreja, mas exerceu uma influência em diversas pessoas, entre elas o Papa Francisco. Por causa dessa teologia, as vítimas da história não estão esquecidas e os pobres não estão excluídos da atenção teológica; pelo contrário, estão presentes, inspirando e movendo os esforços teológicos atuais.

Além disso, vimos que esse passado, quando enfrentado com atenção crítica, foi capaz de gerar um novo presente. Esse presente não foi estéril e sem criatividade, mas vivo e dinâmico. Vimos como, apesar dos momentos difíceis entre os anos 1980 e 1990, a teologia latino-americana não foi derrotada, mas, sim, expandiu seu horizonte, incorporando novos temas em sua pesquisa e reflexão. Ademais, teólogos latino-americanos permaneceram fiéis à sua posição essencial: a opção preferencial pelos pobres. Eles encontraram novos meios criativos para viver essa opção.

Como parte dessa criatividade, vimos a teologia do continente focando sua atenção em outras pobrezas – antropológicas –, como as que estão relacionadas com a ecologia, o gênero e o diálogo inter-religioso. Fez isso de tal modo que sempre irá se manter conectada com as posições centrais da América Latina: libertação de todos os tipos de opressão e luta contra exclusões (discriminações de toda ordem (raça, sexo, etnia e assim por diante), e de todas as formas de dominação e preconceito). E, acima de tudo, expressou um profundo amor: um amor compassivo por todas as vítimas e todos os que mantêm a esperança viva.

Cada vez mais a teologia latino-americana identifica seu *locus* na vida do cotidiano (cf. DÍAS, 2004: 95; DUSSERL et al., 1998), na resistência daqueles que se agarram à vida quando existem inúmeras razões para desistir e morrer. O potencial revolucionário dessas práticas do cotidiano não deveria ser facilmente dispensado. Citando Marc Bloch, grandes rebeliões são meros *flashes* rápidos e brilhantes. Elas estão "quase invariavelmente condenadas à derrota e ao eventual massacre". No entanto, "as lutas pacientes e silenciosas, levadas adiante teimosamente pelas comunidades rurais através dos anos, podem alcançar mais do que esses *flashes* rápidos e brilhantes" (BLOCH, 1970: 170). Eu modificaria isso dizendo que não só as comunidades rurais, mas todas as comunidades pobres – rurais, urbanas e migrantes. Diante do poder totalitário, os povos dominados demonstram sua própria resiliência, reagindo aos poderes dominantes de maneiras engenhosas para, assim, contribuir com seu bem-estar e o do "outro".

Por esta razão, a teologia latino-americana deve persistir no uso do método que foi consagrado a tantas décadas no desenvolvimento de sua reflexão teológica: ver-julgar-agir. Ver a realidade, avaliá-la criticamente, sentir-se desafiado pelos fatos e perigos, assim como por suas belezas e glórias – este é o fundamento essencial para que a teologia latino-americana preserve sua liberdade e mantenha seu *momentum*. Abandonar essa direção significaria ser absorvido pela lógica rígida do poder social (e eclesiástico) dominante.

Sem dúvida, outro ponto importante a ser tratado com cuidado quando se pensa sobre o futuro da teologia latino-americana é a questão do conflito e da violência. Isto não é algo novo em nosso continente, e a Teologia da Libertação dedicou muita atenção a esse tema[91]. A violência está longe de ser superada em nosso continente. Contudo, sua face mudou. Agora, ao invés de exércitos e soldados, muitas vezes vindos de outro lugar, os agentes da violência frequentemente são traficantes de drogas dentro dos países e as gangues jovens.

A América Latina é uma zona geográfica crucial para a produção e o tráfico de drogas. Os países andinos da Colômbia, Peru e Bolívia são os maiores produtores do mundo de cocaína, enquanto México e Caribe estão se tornando os principais corredores para o transporte de drogas aos Estados Unidos e à Europa. No Brasil, favelas e bairros pobres cercam as cidades onde crianças e jovens são "contratados" por traficantes para realizarem o transporte das drogas. Toda uma geração de homens jovens é vítima da violência a cada ano. Em 2014, "o Brasil alcançou um novo ápice de violên-

---

91. Jon Sobrino e Ignacio Ellacuría, p. ex., consideraram o tema da violência militar em El Salvador. Cf. tb. as homilias de Oscar Romero.

cia [...] com mais de 58.000 mortes violentas"[92], aproximadamente o número total de americanos mortos durante a Guerra do Vietnã.

Os países da região sofreram várias consequências do tráfico de drogas, incluindo danos ambientais e comunitários. Os grupos guerrilheiros insurgentes são um exemplo: as FARC na Colômbia e o Sendero Luminoso no Peru. Por toda a região, tanto nas áreas de produção de drogas quanto de tráfico, houve um aumento na violência, na corrupção, na impunidade e na erosão da norma jurídica e violações dos direitos humanos, causadas pelo aparecimento de poderosas alianças de crime organizado e cartéis de drogas.

Por outro lado, o mundo inteiro está sofrendo – como o Papa Francisco descreve – uma forma de terceira guerra mundial fragmentária. Grupos jihadistas radicais no Oriente Médio estão aniquilando cidades inteiras, e sua violência está se espalhando pelo globo. Crianças sofrem com a violência, assim como mulheres e idosos, além de homens. O pânico domina a região e força muitas pessoas, ainda mais do que antes, a fugir para os países mais ricos da América do Norte e da Europa. A teologia e a ética cristãs devem dar respostas a esses desafios. Fiéis à realidade, devemos revisitar o Evangelho, buscando novos caminhos criativos para encarar a grande questão da migração e tentar fazer da paz uma realidade concreta em nosso mundo.

O desafio para a teologia latino-americana hoje é perseverar realizando as prioridades a que se propôs nestes cinquenta anos. Isso exige que resgatemos a memória e o testemunho daqueles que construíram essas prioridades e trabalharam por isso, mesmo arriscando sua própria segurança e vida. Mais do que nunca precisamos de uma teologia de testemunhas, ou mestres espirituais, mais do que textos eruditos e abstratos. Nesse sentido, as biogra-

---

92. Extraído de "Violent Deaths in Brazil Surge to Peak of 58,000 amid Olympic Safety Fears". *The Guardian*, 08/10/2015.

fias dos místicos, mártires e santos são "textos vivos" e poderosos que podemos revisitar, cuja reserva de luz e sabedoria nunca será exaurida[93]. A teologia latino-americana nasce da experiência vital e do sacrifício de uma nuvem de testemunhas, homens e mulheres que se dedicaram a fazer possível um futuro diferente para o continente. Hoje, esta tarefa é nossa, e devemos apresentá-la às novas gerações como um desafio pelo qual vale a pena investir toda sua criatividade, imaginação e sacrifício.

---

93. Cf. tb. vários livros sobre o testemunho de Oscar Romero, incluindo Vigil, 2013; Bingemer e Casarella, 2014.

Referências

ALVES, R. *Da esperança*. Campinas: Papirus, 1987.

AMALADOSS, M. *Making All Things New*: Dialogue, Pluralism, and Evangelization in Asia. Maryknoll, NY: Orbis Books, 1990.

ANDRADE, P. "Opción por los pobres em el magistério – Pensamiento social católico desde el Vaticano II hasta a Conferencia de Aparecida". *Concilium*, 361, 2015, p. 31-41.

_____. "A crise da Modernidade e as possibilidades de uma nova militância cristã". In: SUSIN, L. (org.). *Terra Prometida* – Movimento social, engajamento cristão e teologia. Petrópolis: Vozes, 2001, p. 213-224.

_____. "Encantos e desencantos: a militância do cristão em tempos de crise". In: SUSIN, L. (org.). *Fome e sede de justiça*. Belo Horizonte: Lutador, 2001.

ANDRADE, P. (org.). *Corporeidade e teologia*. São Paulo: Soter/Paulinas, 2007.

ANTOINE, C. *Le sang des justes* – Mgr Romero, les jésuites et l'Amérique Latine. Paris: DDB, 2000.

AQUINO, M. *Nosso clamor pela vida* – Teologia latino-americana a partir da perspectiva da mulher. São Paulo: Paulinas, 1996.

AQUINO, M. & ROSADO-NUNES, M. (orgs.). *Feminist Intercultural Theology*: Latina Explorations for a Just World. Maryknoll, NY: Orbis Books, 2007.

AQUINO JR., F. "Clodovis Boff e o método da Teologia da Libertação – Uma aproximação crítica". *REB*, 68/271, 2008, p. 597-613.

ARAGÃO, G. *A dança dos orixás e o canto dos santos* – Desafios teológico-pastorais das religiões negras do Recife. Rio de Janeiro: PUC-Rio, 2002 [Tese de doutorado].

ASHLEY, J.; BURKE, K. & CARDENAL, R. (orgs.). *A Grammar of Justice:* The Legacy of Ignacio Ellacuría. Maryknoll, NY: Orbis Books, 2014.

AZEVEDO, M. "Dinâmicas atuais da cultura brasileira". *Estudos da CNBB*, n. 58. São Paulo: Paulinas, 1990, p. 15-47.

_____. *Comunidades Eclesiais de Base e inculturação da fé*. São Paulo: Loyola, 1986.

BARREIRO, A. *Comunidades Eclesiais de Base e evangelização dos pobres*. São Paulo: Loyola, 1977.

BEOZZO, J. *Pacto das catacumbas para uma Igreja serva e pobre*. São Paulo: Paulinas, 2015.

_____. *O êxito das teologias da libertação e as teologias americanas contemporâneas*. São Paulo, 2014 [mimeo.].

_____. "Humiliated and Exploited Natives". *Concilium*, 232/6, 1990.

_____. "Evangelização e escravidão na teologia latino-americana". In: RICHARD, P. (org.). *Raízes da teologia latino-americana*. São Paulo: Paulinas, 1987, p. 83-122.

BETTO, F. *Fidel e a religião*. Rio de Janeiro: Fontanar/Objetiva, 2016.

BINGEMER, M. "Theology, Women, and Rights of the Poor – A Reading of the Latin-American Itinerary". In: HOGAN, L. & OROBATOR, A. (orgs.). *Feminist Catholic Theological Ethics:* Conversations in the World Church. Maryknoll, NY: Orbis Books, 2014.

_____. "Contemplation and Service: Central Dynamism of Christian Mission". In: BEVANS, S. (org.). *A Century of Catholic Mission:* Roman Catholic Missiology 1910 to the Present. Eugene, OR: Wipf and Stock, 2013, p. 183-195.

_____. "Ecologia e salvação". In: SIQUEIRA, J. (org.). *Reflexão cristã sobre o meio ambiente*. São Paulo: Loyola, 1992, p. 30-45.

_____. "A perspectiva da Trindade na ótica da mulher". *REB*, 46, 1986, p. 73-99.

BINGEMER, M.C. & CASARELLA, P. (orgs.). *Witnessing Prophecy, Politics, and Wisdom*. Maryknoll, NY: Orbis Books, 2014.

BINGEMER, M.C. & GEBARA, I. *Maria:* Mãe de Deus e Mãe dos pobres. Petrópolis: Vozes, 1988.

BLOCH, M. *Frech Rural History:* An Essay on Its Basic Characteristics. Los Angeles: University of California Press, 1970.

BOCHEN, C. (org.). *Thomas Merton:* Essential Writings. Maryknoll, NY: Orbis Books, 2000.

BOFF, C. "Volta ao fundamento: réplica". *REB*, 68/272, 2008, p. 892-927.

_____. "Teologia da Libertação e volta ao fundamentalismo". REB, 67/268, out./2007, p. 1.001-1.022.

_____. "A Igreja militante de João Paulo II e o capitalismo triunfante – Reflexões sobre a *Centesimus Annus* à luz do Terceiro Mundo". In: IVERN, F. & BINGEMER, M. (orgs.). *Doutrina Social da Igreja e Teologia da Libertação*. São Paulo: Loyola, 1994, p. 87-111.

_____. *Teologia e prática* – Teologia do Político e suas fundamentações. Petrópolis: Vozes, 1978.

BOFF, L. "Ecologia social em face da pobreza e da exclusão". In: *Ética da Vida*. Brasília: Letraviva, 2000, p. 41-72.

_____. *Saber cuidar:* ética do humano, compaixão pela Terra. Petrópolis: Vozes, 1999.

_____. *Grito da Terra, grito dos pobres*. Rio de Janeiro: Sextante, 1996.

_____. *Ecologia, mundialização, espiritualidade:* a emergência de um novo paradigma. São Paulo: Ática, 1993.

_____. *Eclesiogênese:* a reinvenção da Igreja. Petrópolis: Vozes, 1977.

_____. *Jesus Cristo libertador*. Petrópolis: Vozes, 1976.

BOFF, L. & BOFF, C. *Como fazer Teologia da Libertação*. Petrópolis: Vozes, 1986.

BONINO, J. *Rostos do protestantismo latino-americano*. São Leopoldo: Sinodal, 2003.

_____. *Jesús, ni vencido ni monarca celestial:* imágenes de Jesucristo en América Latina. Buenos Aires: Terra Nueva, 1977.

BRIGHENTI, A. *Por uma evangelização inculturada* – Princípios pedagógicos e passos metodológicos. São Paulo: Paulinas, 1998.

BRUNELLI, D. *Libertação da mulher:* um desafio para a vida religiosa na Igreja latino-americana. Rio de Janeiro: CRB, 1988.

BUELTA, B. *Bajar al encuentro de Dios* – Vida de oración entre los pobres. Santander: Sal Terrae, 1988.

BUHLMANN, W. *A Igreja no limiar do terceiro milênio*. São Paulo: Paulus, 1994.

_____. *O Terceiro Mundo e a terceira Igreja*. São Paulo: Paulinas, 1976.

CAGNASSO, M. et al. *Desafios da missão*. São Paulo: Mundo e Missão, 1995.

CARAMAN, P. *The Lost Paradise:* The Jesuit Republic in South America. Nova York: Seabury, 1975.

CARDENAL, F. *Sacerdote em la revolución*. Manágua: Anamá, 2008.

CASALDÁLIGA, P. & VIGIL, J. *Espiritualidade da libertação*. Petrópolis: Vozes, 1993.

CERTEAU, M. *La faiblesse de croire*. Paris: Cerf, 1989.

COLOMBO, C. *Journal of the First Voyage of Columbus* – American Journeys Collection, Document n. AJ-062. Wisconsin Historical Society Digital Library and Archives, 2003.

COOK, G. *New Face of the Church in Latin America*. Maryknoll, NY: Orbis Books, 1994.

CORNILLE, C. *Many Mansions?* – Multiple Religious Belonging and Christian Identity. Maryknoll, NY: Orbis Books, 2002.

COX, H. "Seven Samurai and How They Looked Again: Theology, Social Analysis, and Religion Popular in Latin America". In: ELLIS, M. & MADURO, O. (orgs.). *The Future of Liberation Theology*: Essays in Honor of Gustavo Gutiérrez. Maryknoll, NY: Orbis Books, 1989, p. 229-239.

_____. *The Silencing of Leonardo Boff*: The Vatican and the Future of World Christianity. Nova York: Meyer Stone, 1988.

DALY, M. *Beyond God the Father*: Toward a Philosophy for Woman's Liberation. Boston: Beacon, 1973.

DAY, D. *The Long Loneliness*. Nova York: Harper and Row, 1952.

DE LAS CASAS, B. *De unico vocationis modo*, 1537.

DE NISSA, G. "Sobre o amor dos pobres". In: HOLMAN, S. "The Hungry Are Dying: Beggars and Bishops in Roman Cappadocia". *Oxford Studies in Historical Theology*. Oxford: Oxford University Press, 2001, p. 193-206.

DEIFELT, W. "Derechos reproductivos en América Latina – Un análisis crítico y teológico a partir de la realidad del Brasil". In: QUINTERO, M. (org.). *Población y salud reproductiva*. Quito: Clai, 1999, p. 31-49.

DÍAS, A. "Lo cotidiano: Everyday Struggles in Hispanas/Latinas' Lives". In: *La lucha continues:* Mujerista Theology. Maryknoll, NY: Orbis Books, 2004, p. 92-106.

DORR, D. *Option for the Poor and the Earth*. Maryknoll, NY: Orbis Books, 2012.

DUPUIS, J. *Toward a Christian Theology of Religious Pluralism*. Maryknoll, NY: Orbis Books, 1994.

DUSSEL, E.; PIXLEY, J. & RICHARD, P. (orgs.). *Contextos y balances de la Teología de la Liberación*. Quito: Abya-Ayala, 1998.

EAGLESON, J. & SCHARPER, P. (orgs.). *Puebla and Beyond*. Maryknoll, NY: Orbis Books, 1979.

ELIZONDO, V. *Guadalupe*: Mother of New Creation. Maryknoll, NY: Orbis Books, 1997.

ELIZONDO, V.; MATOVINA, T. & DECK, A. *The Treasure of Guadalupe*. Lanham, MD: Rowman and Littlefield, 2006.

ELLACURÍA, I. & SOBRINO, J. *Mysterium Liberationis*. 2 vols. Madri: Trotta, 1990.

ESPÍN, O. *Fé do povo* – Reflexões teológicas sobre o catolicismo popular. São Paulo: Paulinas, 2000.

FALCON, N. *Recuperación de lo femenino*. Buenos Aires: San Benito, 2008.

FOREST, J. *All is Grace:* A Biography of Dorothy Day. Maryknoll, NY: Orbis Books, 2011.

FREITAS, M. *Gênero e teologia:* interpelações e perspectivas. São Paulo: Loyola, 2003.

FREYRE, G. *Casa grande & senzala*. Rio de Janeiro: Record, 1998.

FRISOTTI, H. *Passos no diálogo:* Igreja Católica e as religiões afro-brasileiras. São Paulo: Paulus, 1996.

FUKUYAMA, F. *O fim da história e o último homem*. Rio de Janeiro: Rocco, 1992.

GEBARA, I. *As águas do meu poço* – Reflexões sobre experiências de liberdade. São Paulo: Brasiliense, 2005.

_____. "Entre os limites da filosofia e da teologia feminista". *Gênero e Teologia*, 2003, p. 153-170.

_____. "10 años de Con-spirando". *Con-spirando*, 40, 2002.

_____. *Rompendo o silêncio* – Uma fenomenologia feminista do mal. Petrópolis: Vozes, 2000a.

_____. "Ecofeminismo: algunos desafios teológicos". *Alternativas*, 16/17, 2000b, p. 173-185.

_____. "Teologia cósmica: ecofeminismo e panteísmo". *Folha Mulher* – Projeto Sofia: mulher, teologia e cidadania, n. 8, ano IV, 1994, p. 70-75. Iser.

_____. *Trindade: palavra sobre coisas velhas e novas* – Uma perspectiva ecofeminista. São Paulo: Paulinas, 1994.

_____. "III Semana Teológica – Construyendo nuestras Teologías Feministas". *Tópicos 90* – Cuadernos de Estudios. Santiago de Chile: Ruhue, 1993, p. 71-124.

GEORGESCU-ROEGEN, N. *The Entropy Law and the Economic Process*. Boston: Harvard University Press, 1971.

GIRARDI, G. *Fe en la revolución* – Revolución en la cultura. Manágua: Nueva, 1983.

GOOSPASTURE, H. (org.). *Cross and Sword:* An Eyewitness History of Christianity in Latin America. Maryknoll, NY: Orbis Books, 1989.

GUTIÉRREZ, G. *A verdade vos libertará*. São Paulo: Loyola, 2000a.

_____. "Situação e tarefas da Teologia da Libertação". In: SUSIN, L. (org.). *Sarça ardente*. São Paulo: Paulinas/Soter, 2000b, p. 55-57.

_____. *Em busca dos pobres de Jesus Cristo* – O pensamento de Bartolomé de Las Casas. São Paulo: Paulus, 1995.

_____. *O Deus da vida*. São Paulo: Loyola, 1992.

_____. *Beber no próprio poço*. Petrópolis: Vozes, 1987.

_____. *A força histórica dos pobres*. Petrópolis: Vozes, 1979.

_____. "Práxis liberadora y fe cristiana". In: GIELLINI, R. (org.). *La nueva frontera de la Teologia en América Latina*. Salamanca: Sígueme, 1977.

_____. *Teologia da Libertação*. Petrópolis: Vozes, 1975.

HATHAWAY, M. & BOFF, L. *O Tao da libertação* – Explorando a ecologia da transformação. Petrópolis: Vozes, 2012.

HENNELLY, A. *Liberation Theology:* A Documentary History. Maryknoll, NY: Orbis Books, 1990.

HENNELLY, A. (org.). *Santo Domingo and Beyond*. Maryknoll, NY: Orbis Books, 1993.

HOGAN, L. & OROBATOR, A. *Feminist Catholic Theological Ethics*. Maryknoll, NY: Orbis Books, 2014.

HOLLANDA, S. *Raízes do Brasil*. São Paulo: Companhia das Letras, 1997.

IRARRÁZAVAL, D. "Inculturación – Amanecer eclesial en América Latina". *CEP*, 1998.

KING, U. "Teilhard de Chardin: un místico en comunión con el universo". *REB*, 75, 2015, p. 620-636.

_____. "Thomas Merton: o amante da natureza". In PAISER, F. (org.). *Mertonianum 100* – Vol. 1: Comemoração do Centenário de Thomas Merton. São Paulo: Riemma, 2015, p. 119-136.

KING, U. (org.). *Pierre Teilhard de Chardin*: Essential Writing. Maryknoll, NY: Orbis Books, 1999.

KNITTER, P. *Jesus e outros nomes* – Missão cristã e responsabilidade global. São Bernardo do Campo: Nhanduti, 2010.

_____. *Introdução às teologias das religiões*. São Paulo: Paulinas, 2008.

_____. "Christian Theology of Liberation and Interfaith Dialogue". In: HICK, J. & HEBBLETHWAITE, B. (orgs.). *Christianity and Other Religions*. Londres: Oneworld, 2001.

_____. *One Earth, Many Religions*: Multifaith Dialogue and Global Responsibility. Maryknoll, NY: Orbis Books, 1995.

_____. "Toward a Liberation Theology of Religions". In: HICK, J. & KNITTER, P. (orgs.). *The Myth of Christian Uniqueness*: Toward a Pluralistic Theology of Religions. Maryknoll, NY: Orbis Books, 1987, p. 178-200.

_____. "Catholic Theology at a Crossroads". *Concilium*, 203/1, 1986.

KNITTER, P. & HAIGHT, R. *Jesus and Buddha* – Friends in Conversation. Maryknoll, NY: Orbis Books, 2015.

KÜNG, H. et al. (orgs.). *Christianity and World Religions*: Paths to Dialogue. Maryknoll, NY: Orbis Books, 1993.

LASSALLE-KLEIN, R. *Blood and Ink:* Ignacio Ellacuría, Jon Sobrino, and the Jesuit Martyrs of the University of Central America. Maryknoll, NY: Orbis Books, 2014.

LEE, M. (org.). *Ignacio Ellacuría:* Essays on History, Liberation, and Salvation. Maryknoll, NY: Orbis Books, 2013.

L'ESPINAY, F. "Igreja e religião africana do candomblé no Brasil". *REB*, 47, dez./1987.

LIBÂNIO, J. "Teologia e revisão crítica". *Horizonte*, 11/32, 2013, p. 1.328-1.356.

_____. *Teologia da Libertação:* roteiro didático para um estudo. São Paulo: Loyola, 1987.

_____. *Discernimento espiritual.* São Paulo: Loyola, 1977.

MANANZAN, M. et al. (orgs.). *Women Resisting Violence:* A Spirituality of Life. Maryknoll, NY: Orbis Books, 1996.

MARZAL, M.; MAURER, E.; ALBÓ, X. & MELIÀ, B. *O rosto índio de Deus.* Petrópolis: Vozes, 1989.

McFAGUE, S. *The Body of God.* Mineápolis, MN: Fortress, 1993.

McGOVERN, A. *Liberation Theology and Its Critics.* Maryknoll, NY: Orbis Books, 1989.

MESTERS, C. *Flor sem defesa:* uma explicação da Bíblia a partir do povo. Petrópolis: Vozes, 1983.

METZ, J. "La compasión – Un programa universal del cristianismo en la época de pluralismo cultural y religioso". *Revista Latinoamericana de Teología*, 19/55, jan.-abr./2002.

MILLEN, M. *Os acordes de uma sinfonia* – A moral do diálogo na teologia de Bernhard Häring. Juiz de Fora: Editar, 2005.

_____. "O corpo na perspectiva do gênero". *Horizonte Teológico*, 3/5, 2004, p. 35-56.

MUÑOZ, R. *O Deus dos cristãos.* Petrópolis: Vozes, 1989.

_____. *Nova consciência da Igreja na América Latina*. Petrópolis: Vozes, 1979.

O'CONNELL, G. "Latin American Revival". *America Magazine*, 9-15/06/2015.

OLIVEIRA, R. *Elogio da diferença do feminino emergente*. São Paulo: Brasiliense, 1991.

PENYAK, L. & PETRY, W. (orgs.). *Religion in Latin America:* A Documentary History. Maryknoll, NY: Orbis Books, 2006.

PIERIS, A. *An Asian Theology of Liberation*. Maryknoll, NY: Orbis Books, 1988.

PIKAZA, X. *El pacto de las catacumbas*. Estella: Verbo Divino, 2015.

PINTO, M. "Alteridade e bioética: Um novo olhar sobre o outro e sobre a vida". *Repensa*, 1/1, 2005, p. 49-65.

_____. "Jesus Cristo e a vivência da afetividade: implicações para vivermos a nossa". In: MIRANDA, M. (org.). *A pessoa e a mensagem de Jesus*. São Paulo: Loyola, 2002, p. 76-83.

_____. "Empowerment: uma prática de serviço social". *Político Social*, 1998, p. 247-264. ISCSP.

PIXLEY, J. & BOFF, C. *Opção pelos pobres*. Petrópolis: Vozes, 1986.

POPE, S. (org.). *Hope and Solidarity:* Jon Sobrino's Challenge to Christian Theology. Maryknoll, NY: Orbis Books, 2008.

PROVINCIAIS DA COMPANHIA DE JESUS. "The Jesuits in Latin America". In: HENNELLY, A. (org.). *Liberation Theology:* A Documentary History. Maryknoll, NY: Orbis Books, 1990, p. 78-82.

RESS, M. *Ecofeminism in Latin America*. Maryknoll, NY: Orbis Books, 2006.

ROCHA, G. *Teologia e negritude*. São Paulo: Paulinas, 1999.

RUETHER, R. *Gaia and God:* A Feminist Theology of Earth Healing. São Francisco: HarperSanFrancisco, 1994.

RUETHER, R. & RADFORD, R. (orgs.). *Mulheres curando a Terra*. São Paulo: Paulinas, 2000.

SANDERLIN, G. (org.) *Witness:* Writings of Bartolomé de Las Casas. Maryknoll, NY: Orbis Books, 1992.

SANTA ANA, J. *A Igreja dos pobres*. São Paulo: Imprensa Metodista, 1985.

SANTOS, B. & MENESES, M. *Epistemologias do Sul*. São Paulo: Cortez, 2010.

SCHERRER-WARREN, I. "Movimentos sociais e pós-colonialismo na América Latina". *Ciências Sociais Unisinos* 46/1, jan.-abr./2010.

SEGUNDO, J. *Teologia da Libertação:* uma advertência à Igreja. São Paulo: Paulinas, 1987.

SOARES, A. *Interfaces da revelação* – Pressupostos para uma teologia do sincretismo religioso no Brasil. São Paulo: Paulinas, 2003.

_____. *Sincretismo e inculturação* – Pressupostos para uma aproximação teológico-pastoral às religiões afro-brasileiras buscados na epistemologia de Juan Luis Segundo. São Bernardo do Campo: Umesp, 2001.

_____. *Negros, uma história de migração*. São Paulo: Centro de Estudos Migratórios, 1996.

SOBRINO, J. "The Urgent Need to Return to Being the Church of the Poor". *National Catholic Reporter*, mar./2010.

_____. *Espiritualidade da libertação* – Estrutura e conteúdos. São Paulo: Loyola, 2010.

_____. *Fora dos pobres não há salvação* – Pequenos ensaios utópico-proféticos. São Paulo: Paulinas, 2008.

_____. *Witnesses to the Kingdom:* The Martyrs of El Salvador and the Crucified Peoples. Maryknoll, NY: Orbis Books, 2003.

_____. *A fé em Jesus Cristo* – Ensaio a partir das vítimas. Petrópolis: Vozes, 2001.

_____. "Los mártires jesuanicos y el pueblo crucificado". *Carta a las iglesias*. El Salvador, out./1999.

_____. *Jesus, o Libertador* – A história de Jesus de Nazaré. Petrópolis: Vozes, 1996.

_____. *O princípio misericórdia*: descer da cruz os povos crucificados. Petrópolis: Vozes, 1994.

_____. *Jesus na América Latina*: seu significado para a fé e a cristologia. São Paulo/Petrópolis: Loyola/Vozes, 1985.

_____. *Cristologia a partir da América Latina*: esboço a partir do seguimento do Jesus histórico. Petrópolis: Vozes, 1983.

_____. *Ressurreição da verdadeira Igreja* – Os pobres, lugar teológico da eclesiologia. São Paulo: Loyola, 1982.

_____. *A luta dos deuses* – Os ídolos da opressão e a busca do Deus libertador. São Paulo: Paulinas, 1980.

SOBRINO, J. et al. (orgs.). *Compañeros de Jesús* – El asesinato-martirio de los jesuitas salvadoreños. Santander: Sal Terrae, 1989.

STROHER, M.; DEIFELT, W. & MUSSKOPF, A. (orgs.). *À flor da pele* – Ensaios sobre gênero e corporeidade. São Leopoldo: Sinodal/Cebi, 2004.

SUAIDEN, S. "Questões contemporâneas para a teologia – Provocações sob a ótica de gênero". In: SOTER (org.). *Gênero e teologia* – Interpelações e perspectivas. São Paulo: Loyola, 2003.

SUESS, P. *Evangelizar a partir dos projetos históricos dos outros* – Ensaio de missiologia. São Paulo: Paulus, 1995.

SUNG, J. "Economics and Theology: Reflections on the Market, Globalization, and the Kingdom of God". In: ZULEHNER, P.; TAUSCH, A. & MÜLLER, A. (orgs.). *Global Capitalism, Liberation Theology, and Social Sciences*. Nova York: Nova Science, 2000.

SUSIN, L. & HAMMES, E. "A Teologia da Libertação e a questão de seus fundamentos: em debate com Clodovis Boff". *REB*, 68/270, 2008, p. 277-299.

TAMEZ, E. (org.). *Through Her Eyes:* Women's Theology from Latin America. Maryknoll, NY: Orbis Books, 1989.

TEIXEIRA, F. *O diálogo inter-religioso como afirmação da vida.* São Paulo: Paulinas, 1997.

TEPEDINO, A. *As discípulas de Jesus.* Petrópolis: Vozes, 1990.

TOMITA, L. *Corpo e cotidiano* – A experiência das mulheres de movimentos populares desafia a teologia feminista da libertação na América Latina. São Paulo: PUCSP, 2004.

TRACY, D. "Afterword – A Reflection on Mystics: Presence and Aporia". In: KESSLER, M. & SHEPPARD, C. (orgs.). *Mystics:* Presence and Aporia. Chicago: University of Chicago Press, 2003, p. 239-244.

TRIGO, P. "Ha muerto la Teología de la Liberación? – La realidad actual y sus causas II". *Revista Latinoamericana de Teología*, 64, 2005.

VAZ, H. "Igreja reflexo/Igreja fonte". *Cadernos Brasileiros*, 46, mar.-abr./1968, p. 17-22.

VIGIL, M. *Monseñor Romero:* piezas para um retrato. São Salvador: UCA, 2013.

WHITE JR., L. "The Historical Roots of Our Ecological Crisis". *Science*, 155, 1967, p. 1.203-1.207.

WIJSEN, F.; HENRIOT, P. & MEJÍA, R. (orgs.). *The Pastoral Circle Revisited:* A Critical Quest for Truth and Transformation. Maryknoll, NY: Orbis Books, 2005.

YVES-CALVEZ, J. *Fé e justiça:* a dimensão social da evangelização. São Paulo: Loyola, 1987.

CULTURAL

Administração
Antropologia
Biografias
Comunicação
Dinâmicas e Jogos
Ecologia e Meio Ambiente
Educação e Pedagogia
Filosofia
História
Letras e Literatura
Obras de referência
Política
Psicologia
Saúde e Nutrição
Serviço Social e Trabalho
Sociologia

CATEQUÉTICO PASTORAL

Catequese
Geral
Crisma
Primeira Eucaristia

Pastoral
Geral
Sacramental
Familiar
Social
Ensino Religioso Escolar

TEOLÓGICO ESPIRITUAL

Biografias
Devocionários
Espiritualidade e Mística
Espiritualidade Mariana
Franciscanismo
Autoconhecimento
Liturgia
Obras de referência
Sagrada Escritura e Livros Apócrifos

Teologia
Bíblica
Histórica
Prática
Sistemática

REVISTAS

Concilium
Estudos Bíblicos
Grande Sinal
REB (Revista Eclesiástica Brasileira)
SEDOC (Serviço de Documentação)

VOZES NOBILIS

Uma linha editorial especial, com importantes autores, alto valor agregado e qualidade superior.

VOZES DE BOLSO

Obras clássicas de Ciências Humanas em formato de bolso.

PRODUTOS SAZONAIS

Folhinha do Sagrado Coração de Jesus
Calendário de mesa do Sagrado Coração de Jesus
Agenda do Sagrado Coração de Jesus
Almanaque Santo Antônio
Agendinha
Diário Vozes
Meditações para o dia a dia
Encontro diário com Deus
Guia Litúrgico

CADASTRE-SE
www.vozes.com.br

EDITORA VOZES LTDA.
Rua Frei Luís, 100 – Centro – Cep 25689-900 – Petrópolis, RJ
Tel.: (24) 2233-9000 – Fax: (24) 2231-4676 – E-mail: vendas@vozes.com.br

UNIDADES NO BRASIL: Belo Horizonte, MG – Brasília, DF – Campinas, SP – Cuiabá, MT
Curitiba, PR – Fortaleza, CE – Goiânia, GO – Juiz de Fora, MG
Manaus, AM – Petrópolis, RJ – Porto Alegre, RS – Recife, PE – Rio de Janeiro, RJ
Salvador, BA – São Paulo, SP